Note lettore

(Caro lettore, la presente pagina, e quella seguente, sono state lasciate volutamente in bianco per permetterti di annotare le tue impressioni sul libro)

Omosessualità vissuta, omofobia subita

Inghilterra e Stati Uniti tra Ottocento e Novecento: Edward Morgan Forster e James Baldwin

Raffaele Caneo

Prefazione di Giulia Pissarello

Lulu Press, Inc.
3101 Hillsborough St.,
Raleigh, NC 27607 (U.S.A.)

ISBN: 978-1-326-77772-2

In copertina: pittore caravaggesco, *San Sebastiano trafitto dalle frecce*, per gentile
concessione del Museo Civico Pier Alessandro Garda di Ivrea

INDICE

Alle vittime di ogni forma di discriminazione e a mia madre per avermi insegnato a guardare il mondo senza pregiudizi.

Omosessualità vissuta, omofobia subita

Inghilterra e Stati Uniti tra Ottocento e Novecento: Edward Morgan Forster e James Baldwin

Raffaele Caneo

Prefazione di Giulia Pissarello

PREFAZIONE
Giulia Pissarello

La chiave di lettura della presente monografia, opera prima di Raffaele Caneo, incentrata sul tema dell'omosessualità e sull'esperienza dell'omofobia in due romanzi rispettivamente dello scrittore inglese E. M. Forster (1879-1970) e dell'afroamericano James Baldwin (1924-1987), può essere trovata nella significativa quanto sintetica epigrafe "Only connect...", scelta da E.M. Forster per *Howards End*, pubblicato nel 1910 e accreditato dai critici come uno dei suoi capolavori, prima di iniziare la stesura di *Maurice*, uno dei due romanzi qui oggetto di analisi, la cui vicenda è ambientata nel 1912. È infatti proprio l'operazione, solo apparentemente semplice, di mettere tutto in relazione con tutto, appunto "soltanto connettere" (autore/testo/contesto/strategia narrativa), che Caneo compie in questo saggio, rielaborazione della sua Tesi di Laurea del corso quadriennale in Lingue e Letterature Straniere. Calandosi all'interno del mondo narrativo dei due scrittori e dei loro rispettivi romanzi – *Maurice*, pubblicato postumo nel 1971, ma già di fatto terminato da Forster nel 1914, e *Giovanni's Room*, del 1956 – Caneo si addentra in un percorso di esegesi testuale, coinvolgendo anche i lettori in questa sua lettura ravvicinata dei testi che lo porta a sviscerare le ansie e le gioie dei personaggi, protesi ad affermare la propria identità "altra" in contesti eterosessisti - contesti che, pur essendo storicamente e geograficamente diversificati, appaiono vicini nel giudizio discriminatorio sull'omosessualità.

Rifacendoci a una citazione tratta da Virginia Woolf in *Death of a Moth and Other Essays*, relativa alla narrativa fosteriana in generale, si può notare come Caneo, mediante l'attento ed efficace "close reading" dei due testi oggetto della sua analisi critica, riesca qui a estrapolare i brani dai quali emerge proprio "the struggle between the things that matter and the things that do not matter, between reality and sham, between the truth and the lie". E tale percorso di ricerca fra "realtà e falsità" dei personaggi, del loro modo di vivere e della società a cui appartengono, viene compiuto con circostanziata attenzione ai dettagli tematici e alle strategie narrative adottate in entrambe le opere prese in esame, senza mai tralasciare sia il rapporto vita/opera, molto stretto in entrambi gli autori, sia i contesti geografici di riferimento, cioè l'Inghilterra e gli Stati Uniti.

Se è vero che gli oltre quarant'anni che separano *Maurice* da *Giovanni's Room* sono minimizzati dal fatto che entrambi i romanzi sono realistici ma anche simbolici, che sono ricercati dal punto di vista dello stile e soprattutto che entrambi pongono l'accento sull'Io intimo del rispettivo protagonista, incentrandosi sul tema della lacerazione corpo/anima e assegnando un ruolo essenziale a uno spazio chiuso, "la stanza", che viene vissuto paradossalmente come liberatorio, al contrario di quello esterno, aperto ma ansiogeno perché, per citare un celeberrimo verso da "Prufrock" di T.S Eliot, percepito come disseminato di occhi "That fix you in a formulated frase", è anche vero che il saggio di Caneo riesce a evidenziare l'esistenza di due scarti essenziali tra i testi e i rispettivi autori: il primo riguardante la tecnica narrativa, essendo la vicenda narrata in terza persona in *Maurice* e in prima persona in *Giovanni's Room* dove l'io narrante è quello dell'americano David, che incarna tutta la superficialità dell'americano medio, contrapposto a Giovanni, italiano, uomo dei campi e per questo motivo individuo totalmente "autentico"; il secondo è costituito dal diverso *excipit* della storia: Forster la fa concludere a Londra con uno "happy ending" volutamente improbabile, in cui Maurice, dopo che l'amato Clive si sposa, vivrà un nuovo e duraturo legame con Alec, in quanto, come egli stesso afferma, "in fiction anyway two men should fall in love and remain in it for the ever and ever that fiction allows"; Baldwin, al contrario, la fa terminare tragicamente a Parigi vuoi per l'abbandono di Giovanni da parte di David, a sua volta schiacciato da sensi colpa nei confronti di Hella, la giovane donna che lo ama e che vorrebbe mettere su famiglia con lui vuoi per la condanna a morte di Giovanni, accusato dell'omicidio di Guillaume, proprietario omosessuale di un bar, che lo aveva costretto a concederglisi in cambio di un posto di lavoro poi negatogli . A diversificare profondamente i due romanzi è anche, com'è inevitabile, la differente esperienza biografica dei rispettivi autori: Edward Mongan Forster, proveniente da un ambiente alto-borghese, omofobo e perbenista, e vissuto in un ambiente familiare dominato dalle figure femminili della madre e delle zie, che rifugge dal rivelare la propria omosessualità nel timore di diventare "queer and unpopular", come lui stesso annota nel 1913 nel suo *Diary*, e che infatti non trova il coraggio di pubblicare *Maurice*, il cui testo però rivede a più riprese e che nel 1960 reputa pronto per essere stampato; James Baldwin, afro- americano non benestante e omosessuale, che invece riesce a superare i limiti impostigli dall'intransigenza religiosa del patrigno e dall'ambiente familiare punitivo in cui vive gli anni formativi dell'infanzia e dell'adolescenza, sia trasponendo la propria lacerazione interiore di *gay* nel primo romanzo, *Go Tell it on the Mountain* (1953), sia mettendo al centro delle proprie opere successive il tema dei pregiudizi sessuali e razziali.

Caneo colloca questo percorso di ricerca del sé e della individualità "altra" dei personaggi di Forster e Baldwin tanto nel contesto socio-culturale e storico-religioso in cui questi ultimi si sono trovati a vivere, quanto nel loro modello omofobico- letterario dell'Ottocento e del primo Novecento inglese richiamando, in particolare, il caso emblematico di Oscar Wilde, un artista che suscitò enorme scalpore soprattutto in Inghilterra, la prima volta nel 1891, con la pubblicazione del romanzo *The Picture of Dorian Gray*, in cui si palesano attrazioni omosessuali tra i personaggi, e poi nel 1895, quando fu accusato di omosessualità e condannato a due anni di lavori forzati: le pagine del suo *De profundis*, pubblicato nel 1905 e, significativamente soltanto nel 1950 in versione integrale, rimangono nel nostro tempo un toccante documento di sofferenza umana e un'eloquente testimonianza dell'oppressione scaturita da soffocanti pregiudizi pseudo-moralistici che non sembrano essere stati, a tutt'oggi, totalmente vinti, sia nell'ambito sociale sia in quello artistico-culturale, dove ancora fatica a farsi strada il concetto della *normalità* dell'omo-erotismo.

L'EREDITÀ DI OSCAR WILDE

> "We are denied the one thing that might
> heal us and keep us, that might bring
> balm to the bruised heart, and peace
> to the soul in pain..."
> Oscar Wilde, *De Profundis* (1905)

L'EREDITÀ DI OSCAR WILDE: FORSTER IN INGHILTERRA E BALDWIN IN AMERICA

Vari autori inglesi dalla fine dell'Ottocento fino agli anni Sessanta del secolo scorso hanno mostrato interesse per il tema dell'omosessualità, ossia di quell'attrazione sia fisica che sentimentale verso una persona dello stesso sesso. Le religioni, attraverso i secoli, rifiutando questo tipo di orientamento sessuale, hanno contribuito alla nascita di leggi che hanno privato tanti omosessuali della libertà di vivere la propria sessualità fino ai giorni nostri.

Dalla metà del secolo scorso l'omosessualità è stata progressivamente depennata dall'elenco delle malattie mentali in numerose nazioni sviluppate ma, nonostante questo, l'omofobia è ancora viva e causa spesso atti di violenza contro gli omosessuali in diversi contesti culturali.

La situazione dal punto di vista legale delle relazioni tra persone dello stesso sesso cambia da uno stato all'altro ed esistono nazioni, come ad esempio l'Iran e alcune parti della Nigeria, in cui essere omosessuali significa rischiare la vita a causa delle leggi che considerano tale pratica un reato, in quanto le uniche relazioni accettate sono di tipo eterosessuale.

L'omofobia, che rappresenta l'intolleranza e l'avversione nei confronti degli omosessuali e che può sfociare nella violenza fisica e mentale, fino all'omicidio, anche dove l'omosessualità è riconosciuta dal punto di vista legale, è una vera e propria forma di discriminazione, non diversa dal sessismo che spesso vede come vittima anche la donna.

L'omosessualità è trattata nelle opere di tanti autori, i quali, in maniera diretta o indiretta, hanno affrontato questo argomento nei modi più vari e nei periodi più diversi.

Qui intendiamo concentrarci sul periodo del Modernismo, ossia di quella corrente letterario-artistica che si colloca tra la fine dell'Ottocento e i primi tre decenni del Novecento. In particolare si intende affrontare la tematica dell'omosessualità nelle opere di due autori come E. M. Forster e James Baldwin che vissero negli stessi anni ma in contesti socio-culturali molto diversi: l'Inghilterra e l'America.

E. M. Forster, inglese, omosessuale non dichiarato, scrive il suo primo romanzo "omosessuale" *Maurice* nel 1914, qualche anno dopo la fine dell'età vittoriana (che riscriverà più volte fino alla versione finale del 1960), ma che non pubblica. Il romanzo esce postumo nel 1971; il secondo invece, americano, omosessuale dichiarato, che analizzeremo più avanti, scrive della propria condizione di "diverso" in modo diretto, senza censure e senza limitazioni in un'America ancora troppo perbenista e razzista come lo era negli anni Cinquanta quando vedono la luce le prime opere di Baldwin come *Giovanni's Room* (1956).

Forse Forster, anche lui omosessuale ma che non si dichiarò mai pubblicamente come tale, non pubblica il suo romanzo essendo ancora succube del clima perbenista che aveva condannato pochi anni prima, nel 1891, *The Picture of Dorian Gray* di Oscar Wilde. L'omosessualità è uno dei temi trattati da Wilde nelle sue opere e, per questo motivo, lo si può definire pioniere delle relazioni omosessuali nelle opere letterarie. L'incontro con Alfred Douglas, nipote della marchesa di Queensberry, diventa la causa di una serie di problemi per l'autore. Infatti, la relazione intrapresa con il giovane ventenne, non accettata e quindi condannata dalla legge di allora, lo porta a essere accusato di sodomia. Finì in carcere, costretto a due anni di lavori forzati, diventando così una sorta di martire della vulnerabilità omosessuale.[1]

Iniziando dalla Gran Bretagna, luogo di appartenenza dell'autore Forster, ricordiamo che quest'ultimo fu particolarmente influenzato dalla cultura vittoriana, ancora presente nei successivi vent'anni dopo la fine del regno della Regina Vittoria, che gli impedì di pubblicare *Maurice* nel 1914.

Durante i primi anni del XX secolo, nell'Inghilterra di Forster, dove l'omosessualità continuò a essere illegale fino al 1967, la propria sessualità è un tema ancora tabù da non trattare nelle opere letterarie cosicché, quando Forster inizia a lavorare alla stesura di *Maurice* nel 1913, l'opera nasce in un contesto socio-culturale omofobico.

A differenza dell'opera di Wilde, *Maurice* di Forster non contiene una visione negativa della realtà, e pone delle domande sulle relazioni attraverso il punto di vista del protagonista.

---

[1] Cfr. http://www.glbtq.com/literature/wilde_o.html, 20 dicembre 2010.

Forster apparteneva al cosiddetto Bloomsbury Group, ovvero al gruppo di artisti e intellettuali a favore di cambiamenti socioculturali andando contro i falsi moralismi di allora. Il Movimento operò dal 1906 al 1930 e gli esponenti avevano l'abitudine di vedersi ogni giovedì a casa di Clive e Vanessa Bell, ma anche di Adrian e Virginia Stephen (ossia di Virginia Woolf dopo essersi sposata con Leonard Woolf nel 1912). Il gruppo era unito dal desiderio di parlare liberamente della sessualità, omosessuale ed eterosessuale, senza temere la censura, tanto che, come ricorda Virginia Woolf nel 1922 : "Sex permeated our conversation".[2]

In realtà il Bloosburry Group non fece mai nulla di importante per aiutare la causa omosessuale ma l'interesse dei partecipanti al tema sottolinea la difficoltà di parlare apertamente di questa realtà.

Tra la fine del XIX e l'inizio del secolo scorso Jeremy Bentham afferma che l'omosessualità rappresenta il piacere che persone dello stesso sesso si danno a vicenda, andando contro l'allarmismo e lo sdegno che relazioni di questo tipo causavano nella società di allora.[3] Tra gli scrittori che dedicarono attenzione a questo tipo di tematica si possono ricordare Edward Carpenter e Katherine Mansfield.

Un'altra autrice degna di nota è Vita Sackville-West, moglie del famoso diplomatico inglese Harold Nicolson, la quale, in *Challenge* (1924) affronta il tema dell'amore tra donne, basandosi anche sulla propria esperienza personale e usando un'ottica tipicamente eterosessuale.

Virginia Woolf, in *Mrs Dolloway* (1924), racconta l'amore lesbico di una ragazza per una compagna di classe. Alla scrittrice interessa tenere viva la discussione sempre aperta sull'universo dei rapporti interpersonali.

È durante la Prima guerra mondiale che anche nell'ambiente militare si diffonde l'omosessualità tra i soldati, in certi casi viene vissuta solo come una fantasia, mentre in altri praticata a causa della lunga assenza di rapporti sessuali con le donne. Una pratica che, se scoperta, prevedeva fino a dieci anni di carcere per l'accusa di sodomia e due anni invece per i soli rapporti orali.[4] Anche le donne diedero il loro aiuto durante la Prima guerra mondiale, infatti, in Gran Bretagna nacque la prima forza di polizia di donne per sostituire il gran numero di uomini impegnati nella guerra. Anche in questo caso, l'assenza dei propri partner, fu uno dei motivi della nascita di rapporti omosessuali tra esponenti del gentil sesso. Alcune donne che fecero parte di questo nuovo nucleo operativo, come

---

[2] Cfr. S. Panken, *Virginia Woolf and "The Lust of Creation": A Psychoanalytic Exploaration*, New York, State University of New York, 1987, p. 47.

[3] Cfr. http://www.glbtq.com/literature/bentham_j.html, 21 dicembre 2010.

[4] Cfr. http://www.glbtq.com/literature/bentham_j.html, 21 dicembre 2010.

Barbara Lowther e Nora Desmond Hackett, nel 1917 diedero vita a un corpo di volontarie per guidare le ambulanze in Francia. Successivamente, nel 1930, grazie alla loro corrispondenza ritrovata, venne alla luce una realtà nascosta: le due donne erano amanti.

Tra gli anni Venti e gli anni Trenta, Londra, Birminghan, Glascow e altri grandi centri della Gran Bretagna, furono teatro di controlli e violenze da parte delle forze dell'ordine nei luoghi dove i gay socializzavano. Ebbe inizio una vera "caccia alle streghe" che negli anni portò all'arresto di numerosi individui accusati di atti contro la morale. Le vittime appartenevano prevalentemente alla classe operaia, mentre borghesi e alto borghesi non venivano mai accusati. Un caso famoso, e a lieto fine, fu quello dell'eroe nazionale della Prima guerra mondiale Frank Champain, arrestato dalla polizia per atti osceni in un bagno pubblico e poi rilasciato perché il giudice ritenne poco etico il modo messo in pratica dalla polizia per farlo cadere in trappola. Dopo questo episodio, la polizia si limitò a stazionare nei bagni pubblici, come in altri luoghi dove gli uomini consumavano rapporti sessuali, nel tentativo di far scemare la tensione della stampa e della società nei confronti di questa realtà. In questo clima di terrore, Neville-Rolfe, moralista, antiomosessuale e perbenista, attraverso una campagna di odio e diffamazione contro gli omosessuali, il cui scopo era solo quello di mettere sotto pressione la polizia per porre fine a qualsiasi approccio di tipo sessuale tra uomini in città, dà vita a una lotta contro la comunità gay. Nel mirino finirono soprattutto gli omosessuali effeminati e appartenenti sia alla classe operaia sia a quella borghese. A Londra un luogo d'incontro era il Black Cat a Soho, un bar frequentato da soli uomini, ma all'uscita il rischio era rappresentato dalla polizia pronta a punire chiunque non rispettava le convenzioni eterosessuali, anche e solo nell'atteggiamento. Il fine principale di queste incursioni era di costringere gli omosessuali che vivevano liberamente la loro sessualità ad adeguarsi alle convenzioni dettate dalla morale del periodo. L'astio nei confronti degli omosessuali in Gran Bretagna negli anni Trenta costrinse molti artisti, tra i quali diversi scrittori, a emigrare in altri paesi come W. H. Auden e Christopher Isherwood.

Come abbiamo visto, all'inizio del XX secolo, la cultura di quel periodo tentò di nascondere l'esistenza dell'omosessualità, invece la cultura letteraria che si diffuse nel dopoguerra fece di questa tematica un punto di forza per attirare l'attenzione del lettore. Parecchi autori gay usano storie vissute realmente attraverso i loro personaggi, come Firbank e Hall, che non ammisero mai pubblicamente il proprio orientamento sessuale così come E. M. Forster e Compton-Burnett.

Noel Coward si accosta alla tematica dell'omosessualità in *The Vortex* (1925) narrando la dipendenza da droga del protagonista, come conseguenza dell'impossibilità di vivere liberamente i propri impulsi sessuali, e in *Post-Mortem* (1934) sottolineando gli aspetti negativi della Prima guerra mondiale e descrivendo gli amori omosessuali nati tra i soldati in battaglia. Tutti questi autori pur non dichiarando apertamente le proprie preferenze sessuali, ne parlano in maniera indiretta, attraverso i personaggi che utilizzano per mettere in evidenza la difficoltà di relazionarsi con la società di allora.

Gli uomini e le donne omosessuali inglesi, a partire dagli anni Cinquanta fino agli anni Ottanta del secolo scorso, devono affrontare due ostacoli: primo, la rinascita di un atteggiamento morale e religioso ostile tipico di una società ancora conservatrice che continuò fino al 1979 condannando quelle opere che, con grande fatica, si erano guadagnate un posto in un mondo esclusivamente eterosessuale; secondo, la diffusione dell'AIDS che agli inizi degli anni Ottanta viene erroneamente considerata una malattia che viene contratta soltanto dagli omosessuali a causa del loro comportamento sessuale promiscuo e non protetto.

In America, sempre per quanto riguarda l'omosessualità, la situazione non era molto diversa da quella descritta in Inghilterra. L'omosessuale americano dall'inizio del secolo scorso fino agli anni Cinquanta, considera se stesso una nullità in quanto rifiutato dalla stessa e visto come qualcosa di sbagliato, vive la propria condizione di nascosto e con grande sofferenza. La stessa famiglia americana rappresenta una versione in miniatura del modello voluto e imposto dalla società conservatrice di allora. In questo modo l'omosessuale cresce cercando di imitare il maschio virile ed eterosessuale, costringendolo a indossare una maschera per essere accettato, creando così un uomo che non esiste. Fino agli anni Settanta, l'omosessualità veniva considerata una malattia mentale dalla Psichiatria. Alfred Kinsey nel 1948 affermava:

> «Whatever factors are considered, it must not be forgotten that the basic phenomenon to be explained is an individual's preference for a partner of one sex, or for a partner of the other sex, or his acceptance of a partner of either sex. This problem is, after all, part of the broader problem of choices in general: the choice of the road that one takes, of the clothes that one wears, of the food that one eats, of the place in which one sleeps, and of the endless other things that one is constantly choosing. A choice of a partner in a sexual relation becomes more significant only because society demands that there be a particular choice in this matter, and does not

so often dictate one's choice of food and clothing»[5]

Se all'epoca queste furono parole confortanti, oggi sappiamo che esse non erano esatte perché non si può parlare di scelta ma di predisposizione genetica.

La bibliografia sull'omosessualità maschile in America è immensa e si basa sulla distinzione tra tre tipi di desiderio omosessuale, usata da Sandor Ferenczi, ad esempio, "homoeroticism", "homosexuality" e "homogenitalism". Il desiderio per l'altro può essere conscio sia nell'autore sia nel personaggio, in questo caso parleremo, secondo la terminologia proposta dai francesi, di "homoeroticism". Prendendo come esempio l'eroe di Hemingway, palesemente eterosessuale, notiamo che rientra nella categoria definita "homoeroticism", perché non omosessuale: il comportamento del personaggio sembra celare un desiderio di tipo carnale. In Jack London invece, l'ossessione per il corpo maschile indica senza dubbio omosessualità che non viene praticata e che, secondo Rudnystsky, non diventa mai "homogenitalism". [6] Nella sua opera, la repressione sessuale viene mostrata in modo più chiaro che in quella di Hemingway in quanto non viene mai confessata. Questo è il motivo per cui il termine "homogenitalism" indica, secondo Ferenczi, il contatto tra due corpi.

In America, negli anni Quaranta del XX secolo, si registra una crescita di opere che trattano il tema dell'omosessualità e uno dei precursori fu H. Melville il quale, già verso la metà dell'Ottocento, affrontò questa tematica nei suoi romanzi. *White-Jacket* (1850) parla della relazione tra una guardia marina e un partner più vecchio: entrambi i personaggi sono però quasi dei "fantasmi", senza volto e senza spessore.

Nelle opere di Henry James sono diversi i soggetti omosessuali, come in *A Light Man* (1869), in *Collaboration* (1892), e in *The Pupil* (1890). In tutti questi lavori l'omosessualità si nasconde dietro la maschera dei rapporti di tipo affettivo, fraterno o di amicizia. In *The Turn Of The Screw* (1898), ad esempio, l'autore cerca di presentare al lettore un personaggio omosessuale, in modo ambiguo, attraverso i suo atteggiamenti, il valletto Peter Quint, che iniziò il giovane Miles il quale, a sua volta, iniziò i suoi compagni. Nonostante Peter abbia un nome, in realtà viene descritto come un demone capace di sedurre e far cadere in tentazione Miles il quale, grazie a questa esperienza, riesce a capire di essere semplicemente

5 Cfr. A. Kinsey, *Sexual Behavior in the Human Male*, Indiana, University Press, 1998, p. 55;
6 Cfr. P. L. Rudnytsky, *Ferenczi's Turn in Psychoanalysis*, New York, University Press, 2000, p. 35.

eterosessuale.

Troviamo dei *cliché* di tipo narrativo anche in Allan Dale (pseudonimo di Alfred Cohen) nella cui opera, *A Marriage Below Zero*, romanzo pubblicato a New York nel 1889, il narratore è una giovane ragazza inglese dell'alta società, timida e naif che sposa Arthur, bellissimo uomo che ha una relazione con Captain Dillington. I due sposi non avranno mai un rapporto sessuale e chi li circonda parla di questa strana coppia. L'opera si conclude con il suicidio di Arthur dopo l'arresto del suo amante. La figura di entrambi è stereotipata: Arthur è un bell'uomo, cura il corpo, è particolarmente delicato e passivo, mentre il suo amante è l'esatto contrario: brutto, maschile e attivo.

Nel 1906 lo scrittore americano Xavier Mayne pubblicò *Imre: a Memorandum*, un inno all'amore omosessuale messo in atto attraverso le sofferenze dei protagonisti. L'amore in questo caso è la base della storia, tutto ruota intorno alla sfera affettiva.

Durante la Prima guerra mondiale, negli Stati Uniti, Sherwood Anderson pubblica una raccolta di racconti dal titolo *Winesburg, Ohio* (1919), in cui nella prima storia, "Hands", un giovane insegnante quasi senza sesso, accarezza teneramente i capelli e le spalle dei suoi allievi. Probabile tentativo di Anderson di creare tolleranza intorno alla figura del "diverso".

Lo stesso anno Henry Blake Fuller, in *Bertram Cope's Year*, introduce tre tipi diversi di omosessuali: Basil Randolph, represso che nasconde il proprio amore per i più giovani; Arthur Lemoyne, classico personaggio gay in quanto educato, frivolo e che indossa indumenti femminili; il terzo personaggio, Bertram Cope, un docente universitario il cui fascino ha lo scopo di attirare l'interesse del lettore.

Ernest Hemingway, nella *short story* del 1927 dal titolo "A Simple Enquire", presenta un ufficiale italiano, effeminato, timido e represso ma pronto a conquistare un giovane soldato. La tematica omosessuale è presente in altre opere di Hemingway, nella figura del cuoco effeminato di *The Light of the World* (1938) e del torero messicano di *Mother of a Queen* (1933), personaggio abietto e spietato.

Da non dimenticare i personaggi di James T. Farrell, noto scrittore che utilizza individui rifiutati dalla società come, ad esempio, alcolizzati, immigrati, neri e omosessuali. In *Studs Lonigan* (1932-34), trilogia dell'autore, l'eroe irlandese Leon, insegnante di musica, viene descritto come un uomo con il busto da donna, la cute sporca e le labbra simili a quelle di uno zingaro.

The Big Money (1936) di John Dos Passos, ricordato per i suoi personaggi omosessuali, tra i quali: Tony Garrido, il giovane e bel cubano, ladro pigro e sifilitico; il suo consigliere, un altro cubano grasso e con la faccia da bambino; Max Hirsch, un australiano privo di coscienza che uccide Tony con altri marinai in una notte di follia

Fra gli scrittori meno conosciuti Blair Niles che, nel 1931, scrive un romanzo intitolato *Strange Brother,* attraverso il quale l'autrice si cala nella vita dell'omosessuale americano, prendendo in esame i travestiti, gli insospettabili, i neri e i bianchi. Sottolinea il ruolo marginale ricoperto dagli omosessuali in città, così come in periferia, analizzando l'aspetto psicologico come l'isolamento, l'infelicità, il complesso di inferiorità, sono tutte caratteristiche del protagonista che lo porteranno al suicidio. Questa scrittrice precede autori come Charles Jackson, Alfred Kinsey e altri nel parlare di sessualità, tolleranza e compassione.

James Cain in *Serenade* (1937) ci parla di bisessualità, raccontando la storia di un uomo eterosessuale che decide di avere un rapporto con una persona dello stesso sesso, cercando di far capire al lettore la possibilità che ciascuno possa nascondere un'attrazione di tipo omosessuale.

Henry Bellaman fu invece il primo, nel 1940 in *Kings Row,* ad aver parlato senza censura di omosessualità, anticipando quello che poi la psicoanalisi avrebbe affermato solo in seguito e cioè che un adolescente può essere sessualmente attratto da un coetaneo. In quest'opera c'è una spinta verso il rispetto, quasi un invito in un'America ancora troppo perbenista.

Knock on Any Door (1947), di Willard Motley, ci porta nella Chicago sconosciuta, dove Nick, il protagonista, si prostituisce con uomini più grandi.

Tra il 1948 e gli anni Settanta una svolta in America a livello culturale e letterario la si deve al Kinsey Report, uno studio completo, quasi preciso sull'omosessualità portato avanti per anni da parte di Alfred Kinsey.

Sempre nel 1948 Gore Vidal pubblicò con coraggio *The City and The Pillar* in difesa dell'omosessualità. Un'opera indubbiamente rivoluzionaria che colpì e divise critica e pubblico. La storia è semplice, Jim Willard, bello e maschile, ha un'esperienza sessuale con Bob, suo coetaneo. Bob si dedica alla carriera in Marina e Jim continua a sperimentare la sua sessualità. I due si rivedono dopo diverso tempo e Jim cerca di avere un altro rapporto con Bob, sposato e padre, ma quest'ultimo non vuole così Jim, sentendosi rifiutato, lo uccide (mentre nella versione del 1965 Jim violenta Bob).

Possiamo affermare che nel genere romanzesco del dopoguerra Jim è l'omosessuale più "eterosessuale" che si possa trovare in un racconto di questo tipo. Il libro di Vidal diede un contributo importante al romanzo omosessuale in America, e permise agli scrittori di parlare liberamente di omosessualità senza l'ambizione di far accettare o piacere al lettore un personaggio diverso dal punto di vista sessuale.

La comparsa del romanzo omosessuale va di pari passo con il grande successo di quello eterosessuale, e sebbene l'omosessualità inizi a essere vista con gli occhi della tolleranza, almeno nelle opere letterarie, i personaggi di questo tipo ricoprono sempre un ruolo marginale all'interno della trama.

La bisessualità è un altro tema affrontato in *Opus* di Philip Wylie, opera del 1949, uscita un anno dopo quella di A. Kinsey, ripresa in parte dall'autore per terminarla. Philip, il narratore, cerca di far accettare la bisessualità di Rol alla moglie Yvonne, il cui tradimento le ha causato grande sofferenza.

Una novità è sicuramente il romanzo di J. P. Donleavy dal titolo *The Ginger Man* (1958) in cui il protagonista eterosessuale, in assenza di donne, consuma rapporti sessuali anche con uomini. Il contenuto di questo libro è sicuramente in linea con il punto di vista di Kinsey il quale afferma: "homosexuality is a way of loving and we have to respect this choice".[7] I due protagonisti sono Sebastian Dangerfield e Kenneth O'Keefe, quest'ultimo, essendo un disastro con le donne,decide di provare con gli uomini per poi continuare con la masturbazione.

In *Cain's Book* (1960), di Alexander Trocchi, il protagonista è invece un uomo distinto e dichiaratamente bisessuale. Qua troviamo una figura a proprio agio con la sua natura sessuale che vive su una casa galleggiante, lontano dalle ipocrisie di allora.

In *Giovanni's Room* (1956), di James Baldwin, David, il protagonista e narratore, non riesce ad accettare la propria sessualità che lo porta a vivere un triangolo amoroso con uomini e donne, causa spesso di grandi sensi di colpa.

Notiamo che la cosiddetta coppia omosessuale nel romanzo americano non è mai una coppia felice. In *Giovanni's Room* la coppia, David e Giovanni, dividono una camera, quella di Giovanni, e nel momento in cui

---

[7] Cfr. A. Kinsey, *Sexual Behavior in the Human Male*, Indiana, University Press, 1948, p. 74.

iniziano a vivere insieme il loro rapporto si deteriora a causa delle paure di David che gli impediscono di amare liberamente il giovane contadino italiano. Anche in questo caso la fine non è delle migliori, come nel romanzo di Vidal, anche in Baldwin si assiste alla morte di Giovanni. David incarna l'ideale di maschio americano, o perlomeno cerca di esserlo e, attraverso la sua storia, l'autore mostra quanto difficile possa essere la vita di un omosessuale che vive in America.

In *Another Country*, del 1962, James Baldwin descrive una coppia omosessuale in maniera particolare, come se in realtà si trattasse di una coppia eterosessuale, questa particolarità sembra essere una tecnica narrativa per far accettare al lettore l'amore tra due persone dello stesso sesso.

Concludendo, l'aspetto fondamentale di queste opere è il riflettere il contesto storico-culturale del periodo in cui i loro autori scrivono in quanto, spesso, si nota la difficoltà con la quale raccontano tematiche omosessuali, creando personaggi che vivono ai margini della società o il cui amore pare essere impossibile anche tra le pagine di un romanzo. L'unico punto che li accomuna tutti è la fine, quasi sempre non felice, in cui uno dei due personaggi chiave muore, come se dovesse pagare per aver cercato di vivere "liberamente" la propria vita e la propria sessualità. Così, come una moderna Eva, l'omosessuale della letteratura americana è vittima di se stesso, vittima di quel frutto che non avrebbe mai dovuto cogliere e che invece, per via della sua natura condannata dalla società, ha anche gustato.

EDWARD MORGAN FORSTER
IN INGHILTERRA

"You can do anything once you know what it is."

E. M. Forster, *Maurice* (1971)

L'UOMO E LO SCRITTORE

Edward Morgan Forster, figlio di in una ricca famiglia borghese, nasce a Londra nel gennaio del 1879. Il padre muore quando lo scrittore aveva un anno e questo lo avvicinò molto alla madre che divenne un punto di riferimento. Trascorre l'infanzia e l'adolescenza nel Kent. Nel 1896 inizia gli studi al King's College di Cambridge, un luogo importante nella sua vita e che non abbandonerà mai fino alla morte. Dopo la sua prima esperienza omosessuale, nel 1901, decide di prendere parte al gruppo universitario chiamato *The Apostles*, i cui componenti erano omosessuali non dichiarati come, ad esempio, John Maynard Keynes e Lytton Stratchey. Nello stesso anno si laurea in Storia e materie classiche.

I numerosi viaggi fatti dall'autore attraverso l'Europa (Austria, Francia, Italia e Svizzera) furono essenziali nello sviluppo della sua vena artistica. Grazie a questo tour Forster scoprirà infatti la propria predisposizione alla scrittura. Fra il 1902 e il 1904 tiene lezioni presso il Working Men's College di Londra e innumerevoli conferenze sull'arte italiana nella provincia inglese. [1]

Nel 1905, mentre si trova in Germania per lavoro, pubblica *Where Angels Fear to Tread*, romanzo-commedia ironico il cui protagonista, Philip Herriton, terminata una vacanza in Italia, realizza che l'amore provato per Caroline Abbot non è reale perché percepisce una forte attrazione fisica per Gino Carelli, personaggio che nell'opera rappresenta la libertà sessuale contro le ipocrisie della società di allora.

Anche in *The Longest Journey* (1907) affronta la questione omosessuale: il personaggio principale, Rickie Elliot, prova una forte attrazione fisica per il militare Gerald Dawes, nonostante sia sposato con Agnes.

---

[1] Cfr. A. Burgess, *English Literature*, Burnt Mills, Longman, 1958, p. 75.

In *A Room with a View*, pubblicato nel 1908, sviluppa la storia di un amore apparentemente eterosessuale ma un'attenta lettura svela i temi "nascosti" come la necessità di libertà, anche sessuale a causa della repressione messa in atto dalle convenzioni sociali e religiose. La transizione dalla condizione adolescenziale a quella adulta, così come il vero amore, sono temi ugualmente trattati dall'autore in questo romanzo scritto in terza persona. Caratterizzato dalla presenza del cosiddetto narratore onnisciente, che vede e sa tutto, l'autore focalizza l'attenzione su personaggi mutevoli, accanto ad altri piatti, che non cambiano mai all'interno della trama e capaci di far divertire il lettore.

Tornato in Italia, nel 1910 pubblica un grande successo dal titolo *Howards End*, grazie al quale la sua fama di scrittore si diffonde nei più importanti salotti letterari inglesi. L'opera affronta le difficoltà delle relazioni tra persone appartenenti a classi sociali diverse, sottolineando l'impossibilità di certi amori nella vita reale. Il romanzo mette a confronto la vita di tre famiglie: i Wilcox, ricchi con investimenti nelle colonie inglesi; gli Schlegel, di origini tedesche, esponenti della borghesia londinese; i Bast, tipico esempio di famiglia appartenente alla classe operaia. Tre famiglie molto diverse che il caso fa conoscere e scontrare. In questo periodo inizia a frequentare il famoso Bloomsbury Group, il cui nome deriva dal quartiere omonimo, e i cui membri erano artisti, uomini e donne, accomunati dal desiderio di parlare liberamente di sessualità, arte, letteratura e di rapporti interpersonali. Gli incontri avvenivano spesso in gran segreto presso l'abitazione di Leonard e Virginia Woolf a partire dagli inizi del secolo scorso fino alla Seconda guerra mondiale.

Forster si cimenta in diversi generi letterari, nel 1911 scrive la commedia *The Heart of Bosnia* che non vedrà mai la luce, e dopo aver fatto ritorno nuovamente in Italia, presenta la raccolta di racconti fantastico-metafisici intitolata *The Celestial Omnibus*.

Dopo un viaggio in India mette in discussione la sua capacità di scrittore che gli causerà una profonda crisi esistenziale.

Nel 1913 scrive *Maurice*, lavoro pubblicato postumo soltanto nel 1971, in cui l'autore affronta in modo diretto e senza censure l'amore omosessuale. Il manoscritto, ultimato e predisposto per la stampa, fu però tenuto segreto dallo stesso Forster, forse anche perché memore delle persecuzioni subite da un altro grande scrittore omosessuale come Oscar Wilde. Il romanzo che oggi viene definito dalla critica il capolavoro di

Forster è sicuramente un'opera profonda e toccante.[2] Clive e Maurice sono i due protagonisti che vivono una passione molto forte in segreto, destinata a morire per il primo, mentre per il secondo è una prova che con grande sofferenza riesce a superare conducendolo verso una nuova vita. L'opera fu più volte riscritta fino alla sua versione finale ultimata dallo stesso autore nel 1969 e pronta per la pubblicazione dopo la sua morte.

Forster visita Alessandria d'Egitto nel pieno della Prima guerra mondiale dove diventa uno dei tanti volontari della Croce Rossa. Questa esperienza gli permetterà di vivere un'intensa relazione sentimentale con un giovane uomo che morirà a causa della tubercolosi. Dopo la morte del compagno, lo scrittore inizia la stesura di un romanzo, sotto forma di lettera, mai pubblicato, oggi conservato presso il King's College.

Nel 1920, dopo essere rientrato nella sua città natale, lavora per il *Daily Herald*, l'anno successivo si reca nuovamente in India, ospite del Maharaja di Dewas. Grazie a quest'esperienza tornerà in lui la voglia di scrivere. Infatti, nel 1924, pubblica *A Passage to India*, suo ultimo romanzo in cui sviluppa in modo attento e critico il tema dei problemi legati alla convivenza tra inglesi colonizzatori e indiani vittime della colonizzazione a causa delle differenze dal punto di vista sociale e culturale tra le due realtà.

Anche se E. M. Forster è stato definito un "modernista conservatore"[3], le cui opere riflettono l'influenza della commedia vittoriana, bisogna ricordare la sua sperimentazione in campo letterario, molto simile a quella di alcuni suoi colleghi come Virginia Woolf e David Herbert Lawrence.

Forster continua a scrivere, dedicandosi ad articoli per giornali e a saggi storici.

Nel 1928 pubblica *The Eternal Moment*, una raccolta di racconti a cui dedicò molti anni di lavoro.

Tra il 1947 e il 1949 si reca negli Stati Uniti per tenere delle conferenze, ma anche per creare il libretto dell'opera lirica *Billy Budd*, tratta dal romanzo di Herman Melville e pubblicato nel 1951.

Dopo la morte della madre si trasferisce presso il King's College, dove vivrà quasi definitivamente; nel 1969 gli viene assegnato l'Order of Merit e l'anno successivo muore a Coventry nel mese di giugno.

---

[2] Cfr. http://www.glbtq.com/literature/forster_em.html, 22 dicembre 2010.
[3] Cfr. R. Caserio, *The Novel in England, 1900-1950*, New York, Twayne, 1998, p. 15.

IL CONTESTO STORICO-CULTURALE IN INGHILTERRA

La seconda metà dell'XIX secolo in Inghilterra è contrassegnata dal fenomeno del colonialismo il cui lato violento viene ben descritto nelle opere di Joseph Conrad, un autore polacco con cittadinanza inglese. Uno dei suoi romanzi, *Heart of Darkness* (1902), racconta la storia di Kurtz, un armatore che si occupava di commercio il quale, inspiegabilmente, un giorno sparisce nella giungla dove si trasformerà in una sorta di primitivo pronto a uccidere per procurarsi l'avorio. Kurtz non è l'unico personaggio di Conrad a essere vittima di questi cambiamenti improvvisi o a morire durante le avventure a stretto contatto con la natura selvaggia che il mondo vittoriano pensava di poter domare e, questa situazione, come afferma Allen: "it was fatal for white man".[4]

Verso la fine dell'Ottocento si diffonde una reazione al sistema vittoriano, attraverso la quale alcuni scrittori, tra i quali R. L. Stevenson, danno vita a opere introspettive che generano domande sulla psiche dell'uomo.

La produzione narrativa di Thomas Hardy, indubbiamente più prosaica rispetto a quella dei colleghi, si manifesta attraverso opere come *Tess dei d'Urbervilles* (1891), la quale narra la vicenda di una giovane vittima del fascino di un uomo che poi l'abbandona senza alcuna pietà. L'opera è significativa in quanto nasconde una critica molto pesante contro i falsi moralismi della società vittoriana, più interessata all'esteriorità piuttosto che alla sostanza. La protagonista, Tess, è vittima dell'ideologia e per questo motivo paga con la morte dopo aver ucciso il suo ammaliatore. In Hardy notiamo uno scetticismo profondo, causato dalla convinzione che il genere umano sia solo una vittima della propria sorte e non il responsabile.

Anche *Origin of Species* di Charles Darwin (1859) diede il suo contributo, andando contro le sicurezze vittoriane attraverso un'attenta ricerca scientifica. Padre della teoria dell'evoluzionismo, egli studiò la natura nei suoi aspetti più sconosciuti, arrivando alla conclusione che l'uomo fosse un diretto discendente dei primati; lo scrittore Thomas Henry Huxley diede il suo contributo diffondendo la teoria darwiniana che in quel periodo fu accolta con sdegno, paura e sospetto verso la ricerca scientifica.

All'epoca, Stevenson, scrittore scozzese e grande fan di Dickens e di *The Christmas Books* (1852), scrive *Strange Case of Dr Jekyll and Mr Hyde* (1886).

---

[4] Cfr. W. Allen, *The English Novel.* Harmondsworth, London, Penguin Books, 1954, p. 20.

L'opera è un esempio di *thriller* fantascientifico in cui l'autore vuole mostrare l'ambivalenza della natura umana raccontando la storia del cordiale dottore, il quale, attraverso un filtro magico da lui stesso creato, dà vita a Mr. Hyde, il suo alter ego capace di uccidere la notte per poi tornare Jekyll di giorno. I due personaggi sono una sola persona, entrambi sentono di esistere nel corpo dell'altro, ma non riescono a dividere le due personalità. Jekyll è perseguitato dai delitti di Hyde dei quali si sente colpevole, Hyde invece desidera staccarsi dal corpo del dottore per vivere come vuole. Questo romanzo pone delle domande sulla condizione dell'individuo e sullo sdoppiamento dell'io, il continuo conflitto tra istinto e ragione, animale e uomo, bene e male.

Anche Herbert George Wells pubblica racconti di fantascienza in cui come in Stevenson si materializzano le paure della cultura vittoriana: in *The Time Machine* (1895), ad esempio, il lettore si pone delle domande sulla possibile evoluzione o eventuale involuzione dell'umanità o sull'estinzione della stessa. Viene realizzata una macchina che permette al suo costruttore di viaggiare nel tempo, ma la leva si rompe trasportando il pilota un milione di anni avanti nel futuro. Atterrato nella nuova dimensione realizza che la civiltà è sparita e gli esseri umani hanno subito una regressione antropologica trasformandosi in bestie, che suddivide in due specie diverse: gli Eloi, simili all'uomo, privi di intelligenza né di forza fisica, vivono in superficie mentre i Morlocchi, con occhi felini, artigli, zanne, ricoperti di pelo e cannibali, vivono sottoterra e si cibano dei primi che loro stessi allevano.

La vera crisi del genere umano si manifesterà nei due conflitti mondiali del Novecento che Wells, in modo quasi profetico, sembra preannunciare.

Il decadentismo e l'estetismo sono rappresentati dallo scrittore Oscar Wilde, autore del famoso romanzo *The Picture of Dorian Gray* (1890), seguace dell'estetismo di John Keats e sostenitore del principio "Art for Art's sake!", libera dal moralismo e dall'ideologismo della società di allora. L'arte così assume una valenza diversa, in quanto ha lo scopo di mostrare la bellezza e attrae chi la contempla, al di là di ciò che vuole rappresentare. Negli ultimi decenni dell'Ottocento, anche a causa della grave crisi economica, la fiducia negli ideali di progresso del positivismo e nella morale vittoriana, scrive Marroni, entrò definitivamente in crisi. [5] Gli uomini di cultura criticarono l'ipocrisia di questo periodo suggerendo l'arte e la bellezza come valori diversi.

Il decadentismo, oltre che dai preraffaelliti, è sostenuto dalla poesia di Algernon Charles Swinburne; un autore che fece scandalo per l'erotismo delle sue opere attraverso le quali importò i modelli del simbolismo francese nel Regno Unito. Walter Pater, è uno dei fondatori del movimento estetico, saggista e critico letterario, mentre l'artista indubbiamente più rilevante fu, come già anticipato, Oscar Wilde che attraverso le sue opere diffuse il concetto dell'arte per l'arte e della vita come opera d'arte anche grazie alla sua produzione teatrale. Il connubio tra estetismo e dedizione a livello sociale mostra come la concezione tipicamente romantica dell'artista non si fosse mai spenta.

Il Rinascimento Celtico, movimento poetico e teatrale nato in Irlanda verso la fine del XIX secolo, fa parte dell'estetismo e del simbolismo e il suo maggiore esponente fu William Butler Yeats, uno dei più grandi poeti moderni di lingua inglese. Il rifiuto degli schemi sociali e morali è seguito dalla crescita in campo psichiatrico che insieme svolgono un ruolo importante nel tentativo di allontanare le fobie più nascoste dell'uomo moderno e permettergli di liberarsene parlandone apertamente.

Questa crisi di tipo esistenziale, che mette in dubbio i valori della società di allora, compromettendo il Cristianesimo, così come la comunità laica, e che si possono individuare nello sforzo di riconfermare la supremazia dell'uomo in senso nazionalistico ma anche militare, trovano un esempio molto forte nell'opera di Thomas Carlyle. Autore che anticipa il culto del superuomo e le teorie novecentesche di Friedrich Nietzsche e del drammaturgo socialista George Bernard Shaw, destinate a essere strumentalizzate dal Fascismo, dal Franchismo e dal Nazismo. [6]

La fine dell'Impero della Regina Vittoria, che muore nel 1901, non pone fine all'influenza che il suo regno determinò a livello sociale ed economico, infatti la letteratura dei primi decenni del secolo scorso rimane dominata da questo background storico che proviene dalla fine del secolo XIX. Proprio in questo periodo un autore come Edward Morgan Forster inizia a imporsi come scrittore nel panorama letterario inglese. E. M. Forster, intellettuale del gruppo di Bloomsbury, dà spazio a temi legati al

---

[5] Cfr. F. Marroni, *Disarmonie vittoriane. Rivisitazioni del canone della narrativa inglese dell'Ottocento*, Roma, Carocci, 2002, p. 34.
[6] Cfr. http://www.glbtq.com/literature/carlyle_t.html, 22 dicembre 2010.

alle relazioni umane di tipo eterosessuale e omosessuale, evidenziando come il pregiudizio e le convenzioni sociali fossero la causa della mancanza di libertà nei rapporti interpersonali, obbligando l'uomo a indossare una maschera nella realtà quotidiana.

La subcultura omosessuale in questo periodo era ancora vista e vissuta come peccato da nascondere in Inghilterra, così molti artisti omosessuali, spaventati dalla sorte toccata a Oscar Wilde verso la fine del secolo precedente, reprimevano il loro orientamento sessuale nella vita di ogni giorno. Tuttavia, bisogna riconoscere che la cultura letteraria del dopoguerra ha fatto dell'omosessualità un tema che ha suscitato interesse da parte del pubblico ma anche numerose polemiche.

L'ultimo decennio del XIX secolo e il periodo subito dopo la fine della Prima guerra mondiale, che aveva demolito tutte quelle certezze ormai già da tempo fortemente in crisi, segnano l'inizio di un importante cambiamento nell'arte, nel romanzo, così come nella poesia e nel teatro, dando vita all'utilizzo di nuovi modi espressivi sperimentali. Questo periodo che va dal 1890 al 1930 fu chiamato Modernismo. Importante per il cambiamento artistico e letterario furono, come è noto, le teorie di Freud in campo psicologico che influenzarono autori come David H. Lawrence, Virginia Woolf, Ezra Pound, T. S. Eliot e E. M. Forster e molti altri ancora, attraverso l'esplorazione dell'io trattando questioni legate alla sessualità.

James Joyce è indubbiamente il più coraggioso tra gli autori che sperimentarono le nuove tecniche espressive nella narrativa. Servendosi dell'artificio del monologo interiore, così come del flusso di coscienza, egli dà la parola ai suoi personaggi e attraverso questo fluire il lettore ha la capacità di decifrare il loro mondo interiore, seguendone le associazioni mentali, i ricordi e le improvvise prese di coscienza. La forma espressiva è sperimentale in quanto lo scrittore unisce lingue e linguaggi diversi, eliminando la punteggiatura per rendere meglio la frammentarietà della realtà. Anche Virginia Woolf sperimenta nei suoi romanzi il monologo interiore ma lo rende meno "personale", offrendo ai personaggi della fiction la sua stessa capacità, dando così origine a una prosa lirica di qualità.[7]

Thomas Stearns Eliot, di origine americana, sperimentatore della scrittura in versi, nel 1922 pubblica il poemetto *The Waste Land* dedicato a Ezra Pound. L'opera incarna la vita di allora, povera di spiritualità, perseguitata dal senso di abbandono e dall'angoscia. Gli autori ai quali

---

[7] Cfr. http://www.glbtq.com/literature/woolf_v.html, 22 dicembre 2010;

Eliot fa riferimenti espliciti sono Dante, di cui apprezza il simbolismo, e Donne, per la perfetta unione tra sentimento e pensiero. La poesia dell'autore, fortemente simbolica, diventa allegorica e meno "impulsiva" dopo il passaggio all'anglicanesimo.[8]

Allo stesso periodo risalgono le opere del Dylan Thomas, artista gallese di grande creatività e forza utopistica, in cui si percepisce l'influenza della tradizione letteraria celtica.

Durante il periodo tra le due guerre, contrassegnato dalla crisi economica americana del 1929, artisti di vario tipo, poeti e prosatori, sono accomunati dalla partecipazione attiva all'interno dei movimenti politici di sinistra. La produzione letteraria del periodo conta il contributo di altri grandi scrittori quali Evelyn Waugh, Graham Greene e Somerset Maugham che svolgono un'attenta indagine sulla natura dell'uomo, con particolare attenzione alle contraddizioni sociali e morali dell'epoca.

Particolari sono anche i romanzi fantascientifici di Aldous Huxley e di George Orwell, che contengono una lugubre anticipazione di una nuova realtà in cui il libero pensiero e la creatività del genere umano sono influenzati dalla scienza.

Il panorama poetico è rappresentato dal cosiddetto Movimento di Oxford che include Wystan Hugh Auden, Steven Spender, Cecil Day Lewis e Louis McNeice.

Alla base della produzione letteraria e artistica di questi anni di trasformazione tra le due guerre troviamo le influenze esercitate dal simbolismo di Eliot e Yeats, dalla musica jazz, dal linguaggio colloquiale, così come dalle figure prese dal mondo industriale e da Marx e Freud.

La seconda metà del XX secolo è un momento di crisi per la Gran Bretagna che, a causa della Seconda guerra mondiale, perde gran parte delle sue colonie.

Un'altra realtà a livello artistico è il cosiddetto teatro dell'assurdo, nato a Parigi, e i cui due maggiori esponenti sono Samuel Beckett e Harold Pinter. I due drammaturghi cercarono di mostrare il malessere dell'uomo come conseguenza delle crudeltà della guerra mondiale, ma anche del pericolo atomico, attraverso l'utilizzo di un lessico forte, di discorsi senza senso, di personaggi fuori dalle regole e ricchi di significato simbolico. L'opera più significativa fu quella di Beckett, *Waiting for Godot* (1954), scritta inizialmente in lingua francese.

---

[8] Cfr. A. Burgess, *English Literature*, London, Longman, 1958, p. 57.

Negli anni Cinquanta e Sessanta tra le figure poetiche di maggior rilievo si possono ricordare Ted Hughes e sua moglie, l'americana Sylvia Plath. Il primo affronta il tema del duro e a volte feroce rapporto tra l'uomo e la natura che lo circonda, usando delle novità stilistiche il cui scopo è quello di ricreare la forza della tensione tra i due mondi. La seconda invece racconta storie di follia e di suicidio attraverso il punto vista di chi si batte per i diritti delle donne, usando le metafore più evocative e la metrica più adatta. Qualche anno dopo la poesia più accattivante arriva da Belfast e non dalle grandi città inglesi come Londra.[9]

Il romanzo del secondo dopoguerra, così come la poesia, si alleggerisce molto, eliminando tutte quelle difficoltà dal punto di vista espressivo tipiche della produzione letteraria del primo Novecento, lasciando il posto al realismo. Scrittori come Kingsley Amis e Alan Sillitoe, si rifanno agli "arrabbiati" del campo teatrale, dando vita a personaggi giovani, che non vivono nelle grandi città e appartengono alla classe media e proletaria in lotta contro il sistema di allora.

Alla fine degli anni Sessanta del secolo scorso, si assiste a un ulteriore rinnovamento, chiamato postmodernismo, il cui scopo è quello di dare una nuova vita all'espressione artistica attraverso l'uso delle tecnologie comunicative come la televisione, il computer e il cinema.

È proprio in questo periodo, nel 1971, un anno dopo la morte di E. M. Forster, che viene pubblicato postumo quello che molti critici reputano essere il suo capolavoro, *Maurice*, scritto nel 1913, terminato nel 1914 e corretto dall'autore stesso più volte fino alla versione finale ultimata tra gli anni Cinquanta e Sessanta. Come si vedrà nel terzo capitolo, un'opera senza censure, moderna e autobiografica, nonostante sia stata concepita in un periodo in cui le tematiche omosessuali erano trattate in modo ancora molto velato da parte degli autori di allora a causa delle convenzioni sociali che influenzavano negativamente anche la letteratura.[10]

---

[9] Cfr. R. Caserio, *The Novel in England, 1900-1950*, New York, Twayne, 1998, p. 67.

[10] Nota: Per la stesura di questa sezione si è fatto riferimento principalmente a W. Allen, *The English Novel*. Harmondsworth, Penguin, 1954, pp. 20-57; F. Marroni, *Miti e mondi vittoriani. La cultura inglese dell'Ottocento*. Roma, Carocci, 2004, pp. 13-25; R. Williams, *The Country and the City*. London, Chatto and Windus, 1973, pp. 9-14.

JAMES BALDWIN IN AMERICA

> "With everything in me screaming *No!*
> Yet the sum of me sighed *Yes.*" James
> Baldwin, *Giovanni's Room* (1956)

L'UOMO E LO SCRITTORE

James Arthur Baldwin nasce a Harlem, New York, il 2 agosto del 1924 ed è considerato uno dei più importanti scrittori della letteratura americana del Novecento.

Fondamentale nella sua evoluzione artistica fu il rapporto conflittuale e molto teso con il patrigno, un uomo religioso e severo, che spinge il giovane ad allontanarsi dalla realtà familiare quotidiana piena di doveri, come quello di accudire i fratelli più piccoli. Dedica il tempo libero alla lettura dei libri di Charles Dickens e di Horatio Alger e questo passatempo fa nascere in lui la voglia di esprimersi con la penna tanto da permettergli di scrivere degli articoli per il giornale della scuola che frequenta. Il desiderio di diventare uno scrittore inizia a farsi sempre più forte fino ad ardere nell'anima di questo futuro autore. Sotto le pressioni del padre diventa un predicatore in una chiesa di Harlem, ma l'esperienza dura poco perché si rende conto che la sua strada è un'altra. Dopo aver conseguito il diploma nel 1942, inizia a lavorare nelle industrie belliche del New Jersey per un breve periodo ma, a causa del colore della sua pelle, il lavoro diventa sempre più faticoso e opprimente, tanto da spingerlo ad abbandonarlo. Nel 1944 conosce lo scrittore Richard Wright che rimane affascinato dal manoscritto del giovane Baldwin e, credendo in lui e nelle sue capacità, lo aiuta a ottenere una borsa di studio. La morte del patrigno rappresenta l'inizio di una nuova vita, così a soli diciannove anni si trasferisce al Greenwich Village e diventa scrittore *freelance*, pubblicando recensioni per riviste e giornali quali *Nation New Leader* e *Commentary*. Nonostante non avesse scritto nemmeno un'opera, grazie a Wright vince una borsa di studio e nel 1948 lascia New York per trasferirsi a Parigi dove, ormai lontano dall'America bigotta e razzista, trova l'ispirazione per scrivere e criticare il paese di origine. L'Europa gli permette di vivere liberamente la sua condizione di omosessuale e di usare i personaggi per parlare di omosessualità e di razzismo lontano dall'America bigotta e ostile.

A partire da 1948 trascorre la sua vita tra Francia e Stati Uniti dove si reca almeno ogni sei mesi per tenere conferenze. James Baldwin è un autore che nel corso della sua carriera da scrittore si è cimentato in diversi generi letterari, dal romanzo alla poesia, dalla saggistica alle opere teatrali oltre ad aver collaborato con diversi scrittori.

Anche la Svizzera diventa uno dei tanti luoghi europei dove Baldwin trova ispirazione, infatti là scrive il suo primo romanzo *Go to Tell it on the Mountain*, pubblicato nel 1953, un'opera essenzialmente autobiografica il cui protagonista, John Grimes, è usato per raccontare la sua giovinezza a Harlem e il conflitto interiore vissuto dall'autore perché non accettava la sua condizione di omosessuale . Per via delle tematiche trattate, il romanzo non fu accolto con grande entusiasmo da parte della critica e del pubblico di allora ma, a distanza di anni, può essere considerato un capolavoro della narrativa americana.

La prima opera teatrale, *The Amen Corner* è del 1954 , numerose anche le raccolte di saggi che furono scritte in un periodo che va dal 1955 al 1985, quindi fino a due anni prima della sua morte. Negli anni Cinquanta Baldwin si muove tra Parigi, New York e Istanbul e, durante questi spostamenti, viene alla luce la raccolta di saggi *Notes of a Native Son* (1955) in cui Baldwin per la stesura s'ispira alla sua vita ricordando le avventure a Harlem e le difficoltà del dover crescere in un paese, l'America, dove il vero padrone è sempre l'uomo bianco.

Il secondo romanzo, *Giovanni's Room,* pubblicato nel 1956, affronta argomenti al tempo tabù, come l'omosessualità e le relazioni interpersonali tra razze diverse. *Giovanni's Room* è uno dei romanzi più fortunati di Baldwin. Questa volta le tematiche omosessuali affrontate dall'autore si svolgono attraverso la narrazione di un triangolo amoroso tra David, Giovanni e Hella. La storia creò delle controversie, ma il libro ebbe una grande visibilità che diede vita a un'opera teatrale di successo. Segue *Nobody Knows My Name* (1961) che esplora il punto di vista di altri autori sulle relazioni tra bianchi e neri in America prendendo come spunto le opere di scrittori come William Faulkner e Richard Wright, quest'ultimo, come già detto precedentemente, aiutò James Baldwin a realizzare il suo sogno di diventare scrittore, ma i due non furono mai veri amici.

Baldwin diventa anche uno dei più importanti sostenitori del Movimento per i Diritti Civili in America, offrendo il suo contributo non solo attraverso le opere pubblicate, ma anche partecipando a manifestazioni e conferenze allora importanti. Nel 1962 pubblica *Another Country*, romanzo in cui l'autore riprende le stesse tematiche già trattate in *Giovanni's Room*.

Criticato per i suoi personaggi, il cui protagonista, un batterista, muore suicida dopo diverse delusioni amorose, viene ingiustamente attaccato per aver usato il tema dell'omosessualità all'interno della comunità nera di New York. Proprio in virtù di questa scelta coraggiosa, Eldridge Cleaver, leader delle Pantere nere, critica l'autore affermando che "this work underlines his hate for black people".[1] Baldwin, dal canto suo, incurante delle accuse mosse nei suoi confronti, continua la sua lotta contro le discriminazioni sessuali che diventa sempre più accesa tanto da affermare quanto segue: "When you live in a different kind of culture, you begin to analyze yours".[2]

I continui viaggi di Baldwin non lo tengono lontano dalla realtà americana di allora ma, al contrario, lo avvicinano maggiormente come evidenziano le sue opere.

La terza raccolta di saggi prende il titolo di *A Talk to Teachers* del 1963.

Durante i suoi spostamenti scrive *The Fire Next Time*, sempre pubblicata nel 1963, in cui Baldwin cerca di sviscerare il difficile tema dell'identità nera e della situazione legata alla lotta contro il razzismo, dando così vita a un'opera applaudita dalla critica degli anni Sessanta.

Blues for Mister Charlie (1964) è la sua seconda opera teatrale che affronta il tema del rifiuto di ogni atto di violenza.

Numerosi i racconti contenuti nella raccolta dal titolo *Going to Meet the Man* (1965).

Un altro romanzo *Tell Me How Long the Train's Been Gone* pubblicato nel 1968 in cui il protagonista, un artista come Baldwin, un attore in questo caso, narra i suoi primi anni a Harlem. Anche qui troviamo un triangolo amoroso, una coppia di giovani che condivide con il protagonista Leo un soggiorno, Barbara e Jerry. Successivamente Barbara e Leo intrattengono una relazione sentimentale ma alla fine Leo cambia completamente vita innamorandosi di un giovane militante nero che ricorda molto Malcom X.

Un'altra raccolta di saggi dal titolo *No Name in the Street* viene pubblicata nel 1972.

Dopo la morte di Medgar Evers, Martin Luther King e Malcolm X, al quale teneva molto, Baldwin scrive un'opera che descrive quel momento storico che si stava vivendo in America dal titolo *If Beale Street Could Talk* (1974). Questo è il titolo del suo quarto romanzo che diventa in poco tempo un bestseller. Notiamo un rinnovo artistico in Baldwin il quale

---

[1] Cfr. C. Kenneth, *A conversation with James Baldwin*, New York, Freedomways, 1963, p. 3.
[2] *Ibidem*, p. 5.

presenta in modo originale una storia d'amore tra uno scultore, Alonzo Hunt, chiamato Fonny, e la sua ragazza incinta, Tish. Fonny ha 22 anni e Tish 19, ed è attraverso il suo personaggio che viene narrata la vicenda di Alonzo, accusato ingiustamente di stupro. Lui è innocente e la sua compagna si batte affinché egli venga liberato. Baldwin enfatizza l'amore come se fosse l'unica forza capace di fornire il coraggio necessario per sopravvivere in un mondo fatto di maschere.

All'interno di questo romanzo troviamo un Baldwin arrabbiato e scosso a causa degli avvenimenti recenti ma, nonostante questo, continua a essere un vero pacifista fino alla fine dei suoi giorni.

The Devil Finds Work (1976), ennesima raccolta di saggi, che analizza l'influenza esercitata dalla cultura afroamericana sul cinema.

Il suo ultimo romanzo, *Just Above My Head* del 1979, è invece il più lungo, in cui narra attraverso il fratello del protagonista, Hall, la storia del declino di un cantante nero di musica *gospel* il cui nome è Arthur. Notiamo anche in questo libro l'influenza che ebbe la musica afroamericana su Baldwin, molti titoli delle sue opere riportano alla tradizione americana della musica nera.

Per quanto riguarda la poesia ricordiamo una raccolta uscita nel 1983 dal titolo *Jimmy's Blues*.

The Evidence of Things Not Seen (1985) un insieme di casi irrisolti sulla morte di ventotto bambini neri ad Atlanta tra il 1980 e il 1981.

The Price of the Ticket: Collected Nonfiction, 1948-1985 (1985) è il titolo della sua ultima raccolta che contiene la produzione completa di saggistica di Baldwin.

Per finire, questo autore nel corso della sua carriera collaborò anche con altri colleghi nelle seguenti opere: *Nothing personal,* con Richard Avedon (1964); *A Rap on Race,* con Margaret Mead (1971); *One day when I was lost* (1972) ; *A Dialogue,* con Nikki Giovanni (1973); *Little Man Little Man: A Story of Childhood,* con Yoran Cazac (1976).

Nel 1986 viene insignito della Legion d'Onore dal governo francese.

Durante l'ultimo decennio di vita continua a comporre saggi e poesie, scoprendo anche la passione per l'insegnamento, visto come un nuovo modo per parlare ai giovani. Si batte contro le discriminazioni razziali e sessuali e per l'uguaglianza fino alla morte, avvenuta nel 1987 a Saint-Paul de Vence, in Francia, a causa di un tumore all'intestino. Il fuoco artistico arde in lui fino agli ultimi giorni di vita, malato e sofferente continua a scrivere ma, nonostante la sua forza di volontà, due sue opere rimasero incompiute e non videro mai la luce: una biografia di Martin Luther King e un'opera teatrale dal titolo *The Welcome Table*.[3]

IL CONTESTO STORICO-CULTURALE IN AMERICA

Il decennio successivo alla fine della Seconda guerra mondiale è caratterizzato dal dominio in campo geografico e politico degli Stati Uniti che comandarono in vari settori in tutto il mondo.

Tale potere fu regolato da un'alleanza a livello internazionale il cui scopo era di evitare l'espansione dell'America. Questo è il periodo in cui si diffonde il fenomeno del consumismo, soprattutto nella borghesia, a partire dai primi anni Cinquanta del secolo scorso fino ai giorni nostri. Numerosi americani iniziano ad abbandonare le campagne in cerca di lavoro nelle grandi città dove, purtroppo, il razzismo era ancora molto forte, in particolare negli stati del sud, nonostante la schiavitù fosse stata abolita nel 1865. Tale fenomeno fu messo alla prova dal lavoro del Movimento per i diritti civili dei neri e, successivamente, da grandi personalità afroamericane come Malcolm X e Martin Luther King.

Il presidente Lincoln, tra il 1863-65, diede vita al Proclama di Emancipazione che liberò dalla schiavitù molti neri che ancora vivevano questa triste realtà nei territori che facevano parte della Confederazione del sud. Il Proclama scatena la guerra civile. Lincoln non poteva comandare negli Stati che non rientravano nella sua Confederazione, ma decise di rischiare.

Il Proclama nascondeva uno scopo ben preciso, non visibile agli occhi della società di allora, ma ben chiaro nella mente di chi l'aveva creato: far ribellare gli schiavi contro i padroni in modo da avere altri alleati per far cessare un sistema che influenzava in modo negativo l'economia degli Stati Nordisti industrializzati.

Il proclama, analizzando i fatti, fu soltanto un modo per avere un "esercito" libero che, spinto da una causa legata ai diritti civili, aiutò i Nordisti a liberarsi dei nemici Sudisti. In realtà, per gli schiavi liberi che vivevano negli Stati membri (Nordisti), la libertà passò attraverso un processo molto lento e ricco di sofferenza per i neri.

Quando James Baldwin scrive *Giovanni's Room* (1956), in America il dominio dei bianchi è visibile in qualsiasi strato della società. I bianchi erano poliziotti, insegnanti, proprietari di case e via dicendo e potevano

---

[3] Per la stesura di questa sezione si è fatto riferimento principalmente a G. M. Sarotte, *Like a Brother, Like a Lover*, New York, Anchor Press/Doubleday, 1978, pp. 12-30; W. Mauro, *Baldwin*, Firenze, La Nuova Italia, 1977, pp. 62-110.

fare ciò che volevano, anche decidere di picchiare un nero in mezzo alla strada o di sfrattarlo senza che nessuno potesse intervenire per difenderlo. La società di allora chiamava il nero *coon*, ovvero, roditore, perché visto come un animale che si ciba degli avanzi dei bianchi. Tale definizione crea nei neri un vero e proprio senso di frustrazione, ma anche di dipendenza.

Quando Baldwin realizza il ruolo ricoperto dai bianchi nella società americana, allora inizia a odiare l'intero sistema in quanto, a suo avviso, il nero è vittima di una vera forma di oppressione alla quale l'autore sente il forte bisogno di ribellarsi. Durante la stesura del romanzo Baldwin non si trova in America, ma questa sua lontananza non può essere definita un vero "esilio" in quanto, come egli stesso ha più volte sottolineato "America went into exile, not me", nel senso che, come autore, egli sente di rappresentare quello che l'America rifiuta di accettare come "esistente".[4]

Così vede la luce la letteratura afroamericana, che possiamo definire dipendente, nata da una vicenda culturale e drammatica come la schiavitù, ma anche alienante, che costringe i neri americani a vivere in uno stato di dolore e di paura. Tutto questo è alla base della nascita del cosiddetto *Black Power*, il cui scopo era quello di ribellarsi al sistema di allora.

Il processo di dipendenza mentale e culturale dei neri ha inizio con la nascita e continua fino all'età adulta, e i bianchi agiscono come se fossero dei "padri" che indicano ai figli la strada da seguire, causando così nel nero americano un senso di alienazione, privandolo delle sue radici e della capacità di opporsi. Il nero, vittima del sistema, secondo J.P. Sartre si sente " moitié victime, moitié complice".[5]

Ha origine così il concetto di negritudine che, secondo Sartre, rappresenta il senso di dipendenza del nero dal bianco nella sfera privata ma anche in quella pubblica, influenzata dalle regole anche non scritte del periodo; infatti, possiamo notare come la letteratura afroamericana si adatti alla trazione letteraria americana, spingendo il nero, anche se inconsapevolmente, ad abbandonare la propria identità e la propria cultura, in quanto controllate dall'egemonia del bianco dominante.

Oltre al concetto di negritudine Sartriano, si sviluppa anche quello di negrità. Secondo Fanon, scrittore martinicano, la negrità rappresenta la volontà del nero di allontanarsi dalle imposizioni del mondo creato dal bianco americano, dando vita a un sistema sociale, politico e culturale che riguarda vari campi, come quello musicale, poetico e linguistico che si diffonde in America verso la fine degli anni Venti del secolo scorso.

---

[4] Cfr. C. Kenneth, *A conversation with James Baldwin*, New York, Freedomways, 1963p.2.

[5] Cfr. J.P. Sartre,*Orphée Noir*, Paris, Presses Universitaires de France, 1948, p. 23.

Alla luce di quanto analizzato finora, possiamo affermare che la cultura afroamericana negli Stati Uniti è ben evidenziata dal rapporto tra negritudine, intesa come alienazione del nero, e negrità, intesa invece come volontà di riscattarsi del nero, avvenuta attraverso un processo di liberazione umana, sociale e letteraria.

La letteratura afroamericana, soprattutto al suo inizio e nel suo evolversi, risente della presenza costante della negritudine che ha condizionato in modo negativo, e in qualche modo "sporcato", la creatività degli scrittori della cosiddetta opera nera. Si assiste così a un'evoluzione "inquinata" della tradizione africana a causa della cultura imposta dal persecutore, il bianco. Lo stesso Baldwin ha finito per risultarne, come si vedrà, fortemente influenzato.

Un'evoluzione diversa, e sicuramente più vicina alle sue radici africane, ha avuto la musica jazz, conservando i temi e le espressioni linguistiche tipicamente africane anche se, successivamente, la stessa assume le peculiarità della lingua inglese, e un esempio è dato dalla nascita del genere musicale chiamato *blues*.

In questo contesto storico-culturale ha avuto il suo ruolo importante anche la religione che l'uomo di colore, arrivato in America come schiavo, è costretto a subire, abbandonando la ritualità di provenienza africana. La conversione al Cristianesimo, che non fu facile per gli africani arrivati in America, creò un trauma nell'uomo nero, il quale, ancora ancorato alle sue origini, dà vita alla cosiddetta *Shouting Church*, ovvero la Chiesa che, attraverso manifestazioni di superstizione religiosa portava i neri a un vero e proprio delirio, attraverso urla, passando dal riso al pianto, fino ad arrivare alla trance, tutto questo per avvicinarsi al Signore. Queste sono tutte componenti che ritroviamo nella cultura africana tribale, ancora oggi molto forti in diverse zone dell'Africa.

L'evangelizzazione dei neri si svolge in un clima di terrore dove l'africano, giunto in America come schiavo, è vittima di umiliazioni, e si trova costretto a sottostare alla volontà del bianco dal punto di vista culturale, politico e religioso, anche dopo l'abolizione della schiavitù. Tutto ciò che ruota intorno alla religione viene vissuto come un'imposizione, una prigione dalla quale fuggire e proprio in questo contesto si sviluppa la musica nera, nata per ribellarsi al sistema.

Bisogna però sottolineare che la nascita del nero sotto il profilo musicale è legata a un'evoluzione rapida e netta rispetto a quella letteraria che fu indubbiamente più lenta e faticosa nella prima metà del secolo scorso. Lo stesso Baldwin, in una discussione radiofonica del 1965, afferma:

> " Being a Negro in this country means that you always have to feel a great pain that never ends. So the first problem is how to control this pain that very often changes into anger, you have to find the way to stop it. This anger is above all caused by everything happens to you, but also around you, any time, everywhere, facing one of the most extraordinary and criminal indifference, the indifference and the ignorance of many white men I mean".[6]

In questo modo nasce il rifiuto di Baldwin nei confronti dell'universo bianco, non più visto come un modello da seguire, ma come un nemico da combattere prima di tutto nel profondo, uscendo da quel ghetto interiore, ma anche sociale, al quale la società l'aveva destinato, per ritrovare la libertà.

Non si può negare che la letteratura nera è fortemente influenzata da quella bianca: il nero che studiava, una volta uscito dai cosiddetti "college per i neri", scriveva con il desiderio di ritagliarsi un posto importante nella società dei bianchi e dunque essere accettato e riconosciuto dalla stessa.

All'inizio, anche l'opera di Baldwin mostra entrambe le facce di questa realtà socio-politico-culturale, quella della negritudine e quella della negrità, in quanto scrittore nero che tenta di farsi strada nel difficile mondo letterario dominato da scrittori bianchi. Tracce di questo dualismo sono presenti nelle opere di Baldwin, soprattutto nella saggistica, nell'autobiografia, in particolare nel dialogo-incontro come nelle sue opere scritte in collaborazione con Margaret Mead e Nikky Di Giovanni dal titolo *A Rap on Race* (1971) e *A Dialogue* (1973).

La migrazione dalle terre del Sud verso la costa occidentale, che interessa gli Stati Uniti subito dopo l'abolizione della schiavitù verso la fine del XIX secolo, spinge molti neri a spostarsi nella città di New York, e a insediarsi in zone come Harlem che diventerà un vero ghetto. La speranza è quella di trovare un lavoro che permetta loro di avere una propria indipendenza, lontano dai luoghi ancora dominati dalla borghesia bianca.

Harlem è il quartiere di New York dove la cultura nera americana nasce e si diffonde anche se, come vedremo, gli abitanti del posto, inconsapevolmente, subiscono una dipendenza psicologica dal bianco.

---

[6] Cfr. *A Free Press Interview with James Baldwin*, Los Angeles, Los Angeles Free Press, febbraio 1968, p. 7.

Vengono costruite case, locali, chiese e strade nella speranza di ricreare una realtà diversa e non opprimente rispetto a quella che circonda la comunità nera ma, una volta fuori da quel quartiere, il nero sprofonda nuovamente nel mondo del bianco e continua a essere vittima di un sistema che lo ritiene appartenente a una razza inferiore. In questo "nuovo" mondo nascono le opere di Baldwin, il quale diventa una specie di intermediario fra la cultura costruita sulla leggenda del padrone bianco e buono, che egli respinge e demolisce, e un nuovo modo di esprimersi attraverso il quale poter mostrare le qualità della cultura nera. Baldwin infatti, a differenza di Wright ed Ellison, entrambi scrittori di colore, utilizza strumenti della cultura africana che gli daranno la possibilità di creare l'immagine del "nuovo nero" non più schiavo del bianco.

Baldwin vive la fase di transizione tra la fine della cosiddetta *Harlem Renaissance* e la nascita della *Black Revolution* in cui troviamo un senso di ribellione molto più forte e vivo rispetto all'astio e all'angoscia precedenti. Lo stesso autore, in *A Dialogue*, scritto in collaborazione con Nikky Di Giovanni del 1973, racconta come fosse vietato imparare a leggere e scrivere al nero: se un nero era in grado di leggere, questo veniva visto come un reato punibile penalmente. È così che Baldwin, in *A Dialogue*, definisce il concetto di letteratura: "In my opinion, what we call black literature is represented by the entire career of Bessie Smith, Ray Charles and Aretha Franklin. This is the way we learned it because we couldn't read or write".[7]

Il processo di evangelizzazione del nero causò in Baldwin una rivolta interiore che lo portò ad allontanarsi dalla religione cristiana. In *The Fire Next Time*, scritto nel 1963, il suo pensiero sulla diffusione del cristianesimo da parte dell'uomo bianco verso l'uomo nero è molto chiaro:

"The Gospel was used as an excuse to put a flag in other lands. The same Christian church made people believe in the theory that the Western nation's welfare was only the evidence that God exists. God had walked through the desert, but Allah had also crossed it, although in the opposite direction. God, turning to the north and rising on the wings of power, had

---

[7]Cfr. *Is It Too Late to Put Out the Fire, This Time?*, New York, Esquire, 1968, p. 3;

turned white, while Allah, powerless, and on the dark side of Paradise, had become - but for other reasons - black. [...] as concerns morality, the role of Christianity was, to be honest, really ambiguous."[8]

Il rapporto conflittuale con il mondo ecclesiastico lo accompagnerà per tutta la vita, causando un continuo rifiuto della religione che, inconsciamente, rappresentava anche una liberazione dall'io paterno, attraverso un susseguirsi di odio e amore per lo stesso.

Quando Baldwin, in giovane età, diventa predicatore, si rende conto che tramite questa scelta poteva allontanarsi dall'autorità del patrigno esercitata su di lui. Nel momento in cui l'autore si dedica alla lettura di grandi opere letterarie, come Dostojevskij, si pone delle domande su Gesù, quello descritto dai bianchi, e ha l'impressione che questo venisse meno alla parola presente nella Bibbia e così, con il tempo, la sua fede scema fino a morire. Decisivo fu il rifiuto da parte sua nei confronti della chiesa quando utilizza lo stesso metro di misura per descrivere il compito messo in atto dall'uomo bianco nel processo di evangelizzazione sull'Africa nera dei suoi avi e in *The Fire Next Time* (1963) sottolinea come "the white man had a flag" e "the black man had a land".[9]

Già all'età di quattordici anni Baldwin vede Dio come un'ancora di salvezza alla quale aggrapparsi in mezzo al disordine di Harlem, rappresentato dai numerosi ruffiani, dalle prostitute e dai criminali di vario tipo, che diventano una vera e propria minaccia personale. Sempre in *The Fire Next Time*, opera autobiografica, Baldwin ricorda alcuni episodi della sua adolescenza nei quali si era scontrato con la dura realtà del quartiere dove vive:

"I was thirteen years old when one day, along Fifth Avenue, going to the library, a policeman standing in the middle of the street saw me and said: "Why don't you negroes stay in your quarter?". [...] I was ten years old when two policemen laughed at me wondering about my sexual prowess [...] and leaving me alone, lying on the ground, in the middle of the street in Harlem".[10]

L'esilio forzato imposto al nero che vive nel ghetto, determina in lui un senso di rivalsa ma anche di rinascita. In questo modo Baldwin si avvicinò al movimento dei Black Muslims e, soprattutto, si allontanò da tutte quelle limitazioni sociali e psicologiche trasmesse attraverso la religione cristiana.

---

[8]Cfr. J.Baldwin *The Fire Next Time,* New York, The Dial Press, 1963, p. 35.

[9] Cfr. J.Baldwin *Notes of a Native Son,* New York, The Dial Press, 1955, p. 33.

[10]Cfr. J.Baldwin *The Fire Next Time,* New York, The Dial Press, 1963, p. 22.

Allah, dopo l'abbandono del Dio bianco, diventa per Baldwin il Dio nero nel quale riporre la propria fiducia, inducendolo ad affermare:

> "If the concept of God is real and useful for something, it should help
> people to be free and well-disposed to love someone. If God can't help us,
> it means it's time to keep him away from our lives".[11]

Baldwin, come altri scrittori neri, a livello di produzione letteraria si concentra prevalentemente sui tre generi: autobiografia, romanzo e saggio, dando molta importanza al primo e all'ultimo che, in molti casi, sembrano essere un perfetto connubio. Egli si concentra sulle cause culturali, storiche e psicologiche che hanno creato questa pesante distinzione tra bianchi e neri nella società, dando vita al "mito dell'invisibilità" di cui i neri d'America sembrano essere vittime.

In *Notes of a Native Son* (1955), affronta il tema dell'evangelizzazione subita dalla popolazione nera ad opera del predicatore bianco, analizzando anche le ingiustizie dei bianchi verso persone con lo stesso colore di pelle. Nasce così anche il rapporto conflittuale tra ebrei e neri e scrive nell'opera:

> "The black man is identified with the jew. [...] Christ's suffering and the
> Jew's pain are seen as one. [...] and black people, like Christ and Jews, are
> still suffering in this society."[12]

Quanto affermato dallo scrittore non corrisponde esattamente alla realtà, infatti gli ebrei di Harlem, spesso attivi nel commercio, agenti immobiliari e usurai, rivestono un ruolo importante nella società di allora che li mette sullo stesso piano dei bianchi agli occhi della comunità nera. Questo è il motivo per cui gli ebrei non erano stimati dai neri del quartiere:

> "When I was growing up – afferma Baldwin – I can still remember that
> there was none ready to trust jews, few black people didn't hate them".[13]

Ovviamente, questo odio non ostacolava il rapporto di lavoro con gli ebrei o con altre persone. Così il nero indossa una maschera in quella società che lo disprezza, facendolo restare ai margini, ma questo non gli impedisce di collaborare e, allo stesso tempo, di odiare la razza ebrea, proprio perché pensa che quest'ultima non sia diversa dall'uomo bianco.

---

[11] Cfr. *A Free Press Interview with James Baldwin*, Los Angeles, Los Angeles Free Press, febbraio 1968, p. 4.
[12] Cfr. J.Baldwin *Notes of a Native Son*, New York, The Dial Press, 1955, p. 5.
[13] Cfr. C. Kenneth, *A conversation with James Baldwin*, New York, Freedomways, 1963, p. 10.

Lo stesso Baldwin, in un'intervista, conferma il mito dell'avidità semitica, concludendo che "as concerns white men, jews are the ones black people hate the most".[14]

Il nero che cerca di lasciare il ghetto, dove si è costruito una realtà diversa da quella che si vive fuori dal quartiere, rischia di non riuscire a ricreare la vita che gli permetteva di condurre un'esistenza apparentemente felice e di continuare a essere vittima del bianco. La scelta di trasferirsi comporta un grande sforzo interiore seguito dalla volontà di uscire dagli schemi, e da quel piccolo mondo falso, alla ricerca della propria libertà che, purtroppo, viene vissuto con un senso di angoscia. A Baldwin, come agli abitanti del ghetto, i rapporti con la comunità bianca non sono mai serviti per sentirsi parte di essa visto che il nero, nonostante l'abolizione della schiavitù, era ancora visto e trattato come un rifiuto della società.

James Baldwin, essendo non solo nero, ma anche omosessuale, era doppiamente discriminato nell'America degli anni Cinquanta che continuò a tenere vive delle leggi che condannavano l'omosessualità, considerata come un crimine. Questa situazione si verificò nei vari stati fino agli anni Settanta del secolo scorso.

Per quanto riguarda l'aspetto sessuale legato a questo autore, è proprio dopo la metà del Novecento che, nel pieno del cambiamento che vive l'America, iniziano a vedere la luce nuove forme di espressione nella letteratura americana, rappresentate, ad esempio, dagli autori del movimento chiamato *Beat Generation*. Gli artisti che facevano parte di questo gruppo, attraverso l'uso di droghe e l'esplorazione di una sessualità promiscua e anche bisessuale, danno vita a una nuova forma di scrittura che rivoluziona la letteratura americana, influenzando le generazioni successive. Uno dei suoi massimi esponenti fu Jack Kerouac, il quale creò una prosa spontanea, spesso caratterizzata da un uso non corretto delle parole.

La letteratura americana annovera numerose opere di autori omosessuali, dichiarati e non, i quali narrano storie vissute personalmente attraverso l'utilizzo di personaggi studiati ad hoc per veicolare un messaggio al lettore. I cosiddetti "diversi" danno così vita a testi essenzialmente autobiografici, mascherati dall'utilizzo della finzione narrativa.

L'omosessuale americano è costretto a indossare una maschera ogni giorno della sua vita, con la famiglia, con gli amici e ha il terrore di essere scoperto. Baldwin, con coraggio, dichiarò pubblicamente di essere gay.

---

[14] *Ivi.*

Negli anni Cinquanta agli omosessuali americani erano negati tanti diritti e nel codice penale di ogni stato la parola "omosessualità" era spesso sostituita da "sodomia", "crimine contro natura", "perversioni sessuali" e così via. In Georgia, ad esempio, una persona accusata di sodomia poteva rischiare l'ergastolo.

E così l'omosessuale americano, impossibilitato di fatto a manifestare le proprie scelte sessuali e incapace di rivendicare i propri diritti, diventa un martire della società.

Lo stesso James Baldwin affronta il tema della condizione degli omosessuali in America dopo essersi trasferito in Europa dove, ormai lontano da Harlem, il ghetto dei neri di New York, e dalle convenzioni sociali, inizia a criticare la società americana attraverso i suoi personaggi.

È proprio in questo periodo storico che nascono i primi movimenti omofili il cui scopo è quello di battersi per i diritti degli omosessuali. Viene scelto il termine "omofilia" al posto di "omosessualità" poiché quest'ultimo include la parola "sessualità", elemento da non mettere in evidenza in un'America ancora molto legata alle convezioni sociali.

Ovviamente, lo sforzo per cercare di favorire la liberazione sessuale omettendo il suo elemento più importante, la sessualità, era allora ambiguo e così, quasi parallelamente, si sviluppa un secondo movimento gay che all'inizio critica quello omofilo descrivendolo "a group of respectable people".[15] Il movimento omofilo non riesce nel tentativo di far abrogare le leggi antiomosessuali, esso però dà il via alla nascita del movimento gay attraverso un'importante opera di preparazione e di integrazione nella società di allora.

La differenza sostanziale tra il movimento omofilo e quello gay è molto semplice: il primo chiedeva l'inserimento degli "omofili" nella società senza pretendere dei cambiamenti, mentre quello gay reclamava il cambiamento della società stessa. Non si trattava di due punti di vista leggermente diversi, ma di due battaglie con due scopi differenti. Tuttavia, con il passare del tempo, e grazie al cambiamento socioculturale, le richieste dei due movimenti sono diventate quasi uguali.

---

[15] Cfr. E. Zanish, *Progress of Black Americans in Civil Rights: The Past Two Decades Assessed* , London, Daedalus 1978, p. 35.

Bisogna ricordare che il movimento omofilo nato in America offriva sostegno alla comunità gay fornendo un aiuto concreto attraverso il lavoro di legali, psicoterapeuti e medici.

Nel 1961 l'Illinois diventa il primo stato americano che annulla le leggi sulla sodomia, seguirono poi altri stati fino al 1969.

Nel 1968 il National Institute of Mental Health arriva alla conclusione che l'omosessualità non è una malattia mentale o un disturbo del comportamento, ma solo nel 1974 l'*American Psychiatric Association*, grazie alla pressione degli attivisti gay, conferma che l'omosessualità non è una malattia mentale, scontrandosi con il perbenismo radicato nella società del periodo.[16]

Così, negli anni Settanta del Novecento, i gruppi omosessuali che da anni si battono per il riconoscimento dei loro diritti, iniziano a vedere i primi risultati urlando il motto *"Gay Is Good"*, che viene utilizzato anche da diversi scrittori che raccontano la storia del movimento omofilo americano.

Nel 1973 si assiste a un grande cambiamento grazie al presidente Nixon, il quale, a causa dei licenziamenti ingiustificati dei dipendenti che si dichiaravano omosessuali, pone fine a questa assurda abitudine messa in pratica da datori di lavoro omofobi. Prima dell'intervento del presidente, difficilmente una persona bollata come gay avrebbe trovato un altro lavoro dopo il licenziamento per questo motivo.

Nel 1975 la stampa dà spazio a un grande scandalo che coinvolge il sergente Leonard Matlovitc della Forza Aerea Americana, diventato famoso perché ingiustamente licenziato dopo essersi dichiarato gay. Il militare fa appello alla Corte Suprema, e nel 1980 il giudice federale Gerhard Gessell riconosce che l'Aviazione aveva compiuto un illecito, agendo in base a un pregiudizio, senza seguire una reale norma giuridica. Il giudice impose la riassunzione del sottufficiale, la sua promozione e il pagamento degli stipendi non percepiti.[17]

Verso la fine degli anni Settanta l'America è sconvolta dalla morte di Harvey Milk, il primo consigliere dichiaratamente omosessuale che riuscì a far approvare la prima ordinanza comunale che riconosce i diritti dei gay nella città di San Francisco. Ricordato anche per la sua battaglia contro la

---

[16] Cfr. G. M. Sarotte, *Like a Brother, Like a Lover*, New York, Anchor Press/Doubleday, 1978, pp.14-15
[17] Cfr. D. Vaccarello, *Gli svergognati: vite di gay, lesbiche, trans... storie di tutti*, Milano, La Tartaruga, 2002, p. 34; Cfr. http://www.culturagay.it/cg/biografia.php?id =246, novembre 2010.

proposizione sei che, una volta approvata, avrebbe mandato a casa molti insegnanti riconosciuti omosessuali, fu in grado di vincere grazie all'intensa campagna pubblicitaria portata avanti in tutto il paese. Milk fu ucciso, insieme al Sindaco George Moscone, da un altro consigliere, Dan White, nel 1978. L'episodio suscitò grande scalpore e colpì la sensibilità dei cittadini, gay e non, che parteciparono numerosi alla fiaccolata in ricordo delle due vittime. Da allora cambiò l'atteggiamento del paese nei confronti dei gay e si sviluppò una maggiore tolleranza. Questa rivoluzione prese piede a Castro, un quartiere omosessuale di San Francisco, all'inizio degli anni Settanta.

La società americana inizia così a rendersi conto che l'omosessuale non è solo il ballerino e lo stilista, ma anche l'avvocato con moglie e figli, costretto a portare avanti una vita parallela perché teme il giudizio della società, e questo dà vita a un'apertura mentale.

James Baldwin, con le sue opere e la sua preferenza sessuale resa pubblica, non solo sfida la società dell'epoca parlando di tematiche omosessuali e di razzismo, ancora presente nonostante l'abolizione della schiavitù, ma infrange anche ogni regola affrontando tutto in maniera naturale. Il suo obiettivo è quello di mostrare come un omosessuale sia capace di amare, invece di essere considerato un mostro al quale non viene riconosciuto il diritto di vivere senza limitazioni la propria sessualità come gli eterosessuali. Lo stesso autore si rende conto che il "problema" riguarda non solo l'omosessuale, ma la società tutta come lui stesso afferma in un'intervista rilasciata a un quotidiano americano:

> "The so-called heterosexual person is not really safer than me. Loving any person and being loved by anyone is a terrible danger, a very difficult responsibility. Loving children, raising children. Homosexuals are living with a great pain just because our society has lots of problem that doesn't want to admit. The discovery of one's sexual preference doesn't have to be a trauma. It's a trauma because our society is so traumatized."[18]

La questione sessuale e quella razziale sono dunque connesse nell'opera di Baldwin essendo questi aspetti umani a interessarlo. Anche *Giovanni's Room*, romanzo già menzionato, affronta il difficile tema delle relazioni tra

---

[18] Cfr. R. Goldstein, *James Baldwin: The Legacy*, New York, 1989, Simon & Schuster, p. 177.

uomo e donna, ma anche tra persone dello stesso sesso. I suoi personaggi sono un esempio delle difficoltà che l'uomo incontra nel momento in cui si ribella alle convenzioni che schiacciano e imprigionano l'individuo.[19]

---

[19] Per la stesura di questa sezione si è fatto riferimento principalmente a W. Mauro, *Baldwin*, Firenze, 1977, La Nuova Italia, pp. 31-55.

PRIGIONE E LIBERTÀ NELLA LETTERATURA OMOSESSUALE

> "Of all the sources of metaphor available to the
> writer, place is probably the richest." Leonard
> Lutwack, *The Role of Place in Literature* (1984)

LA FUNZIONE DELL'AMBIENTE NELLA NARRATIVA

Lo spazio narrativo è da sempre un elemento fondamentale nella letteratura in quanto lo scrittore lo crea e lo utilizza per introdurre temi e
ambientare i personaggi. A questo proposito si può ad esempio menzio-
nare un saggio di Richard Gill dal titolo *Happy Rural Seat: The English
Country House and the Literary Imagination*, sull'importanza della casa in
campagna nella fiction inglese, con la felicità di coloro che la abitano, alludendo quindi implicitamente al ruolo che riveste invece la città, vista come
un luogo di fatto incapace di dare sollievo all'animo di chi vi vive.[1]

Ovviamente, anche nella poesia e nel teatro la rappresentazione degli
elementi spaziali riveste ruoli simbolico-funzionali per veicolare un significato al lettore.

L'uso letterario dello spazio come elemento di ambientazione di un'o-
pera ha subito nel corso dei secoli, e soprattutto in diversi generi, delle
modifiche, così il valore simbolico che veniva dato a un luogo nell'Ottocento non ha lo stesso significato dato allo stesso posto nel secolo succes -
sivo.

Non solo luoghi propriamente tali ma anche oggetti – un autobus o un
tavolo e via dicendo – possono essere considerati come elementi spaziali e
funzionali a veicolare significato in relazione a uno o più personaggi
all'interno di una trama.

Da sempre esistono comunque degli stereotipi per cui se il paradiso
viene di solito visto come un posto idilliaco, l'inferno è di contro associato
al male e al peccato; oppure il giardino, con il suo aspetto di spazio circo-

---

[1] Cfr. R. Gill, *Happy Rural Seat: The English Country House and the Literary Imagination*, New Haven,
Yale University Press, 1972, pp. 12-15.

scritto, ha da sempre suscitato analogie con la natura, il voler ricreare parte di essa in un luogo infernale come la città, allo stesso tempo assume significato di chiusura, o ancora le colline e le montagne sono sempre state associate all'idea dell'ascesa e della difficoltà da superare.

Tra gli spazi narrativi e letterari rientrano anche i luoghi più comunemente frequentati, così come la casa o pubblici come ad esempio la chiesa, la scuola, i locali, ecc.

Inoltre ad essi, a seconda del genere narrativo di utilizzo, possono venir associati elementi molto diversi che vanno dal paradisiaco all'infernale: basta ad esempio pensare al ruolo della casa in campagna e di quella in città, la prima, come già anticipato, rappresenta il benessere interiore, la pace, l'altra invece il caos e il male. Nella letteratura contemporanea la casa spesso perde significato, non viene più vista come sinonimo di sicurezza e stabilità e viene sostituita da una macchina o da una roulotte che sta a significare la ricerca dell'io del personaggio.

Un luogo assume significati diversi anche in base alla posizione occupata, alto, basso, centro e periferia veicolano di norma significati diversi e assumono simbolicamente significati differenti: così, ad esempio, il paradiso viene usato per significare spiritualità, e bene, e sta in alto, mentre l'inferno è situato sottoterra , e quindi in basso, per significare materialità e male, mentre il centro è associato all'idea di completezza.

Spesso però, l'allontanamento da un "centro" opprimente, claustrofobico e convenzionale verso invece una "periferia" dove la naturalità domina incontrastata, diviene simbolo di ricerca del sé: l'esotismo, dando vita a un'intensa sessualità e rappresentando l'allontanarsi dalle convenzioni sociali, sta anche a significare il rifiuto della maschera che si indossa per vivere nella società.

Anche le opere letterarie per bambini (o classificate come tali) esplorano mondi altri: basta ricordare la caduta in un buco del terreno che conduce Alice, in *Alice's Adventures in Wonderland* di Lewis Carroll, in un luogo dove le normali regole sono sovvertite e dove il lettore, insieme alla protagonista, relativizza la propria ottica.

Elementi come la luce, il buio, la pioggia, la nebbia, i colori e così via, possono alterare la percezione dei luoghi e vengono usati dallo scrittore per rafforzare alcune situazioni o stati d'animo dei personaggi (pathetic phallacy). Così, ad esempio, se un autore descrive un personaggio che si trova da solo in un luogo lontano dalla città, in una giornata piovosa e grigia, il lettore capisce già quale possa essere l'umore del protagonista.[2]

I luoghi della natura sono invece "senza tempo", e la loro funzione non cambia mai nei secoli: e come in *Pierre* (1852), di Herman Melville, sono "primitive forests" e "eternal oceans" ma anche " they are the only unchanged general objects remaining to this day, from those that originally met the gaze of Adam".[3]

In letteratura esiste un forte legame tra luogo e movimento e il continuo spostarsi da un luogo all'altro è un elemento frequente: il viaggio significa conoscenza, posti nuovi, nuovi incontri, nuove e diverse culture con cui confrontarsi tramite le vicende di uno o più personaggi.

Il viaggio può essere circolare e prevedere un ritorno al punto di partenza, ma con un'acquisizione di esperienza e di coscienza come già accadeva in *Odissey*. Il luogo può essere anche chiuso, lontano dalla società, in un posto dove il personaggio può togliere la maschera che indossa per vivere liberamente la propria condizione, si pensi a opere come *Maurice* (1971) di E. M. Forster o *Giovanni's Room* (1956) di James Baldwin i cui personaggi, omosessuali, vivono all'ombra della realtà quotidiana, creando un vero e proprio microcosmo dove sentirsi al sicuro.

In conclusione, in letteratura la funzione del luogo, la cui molteplicità e frammentarietà esula dai limiti di questo studio, si può affermare con Chatman che è quella di ambientare il personaggio.[4]

LA STANZA E GLI SPAZI INTERNI

Maurice, di E. M. Forster è, come si è precedentemente osservato, un'opera frutto di una stesura successiva a un lungo periodo di crisi in cui l'autore aveva vissuto un blocco, presumibilmente psicologico, che lo aveva indotto a deporre la penna. Andando a ritroso si vogliono qui ripercorrere brevemente le tappe che indussero Forster a scrivere un'opera "rivoluzionaria" come *Maurice*. Nel mese di settembre del 1913, lo scrittore andò a trovare Edward Carpenter, il poeta famoso anche per la sua omosessualità, e in quella circostanza ebbe una sorta di "epifania" come si evince dalla

---

[2] Cfr. L. Lutwack, *The Role of Place in Literature*, Syracuse New York, Syracuse University Press, 1984, p. 84.

[3] Cfr. H. Melville, *Pierre*, England, Penguin Books, 1996, p. 14.

[4] Cfr. S. Chatman, *Storia e Discorso*, Parma, Pratiche Editrice, 1981, p. 238.

sua "Introduction"[5] anteposta al testo, spiega come tale rivelazione sia stata la conseguenza di un gesto banale da parte di un amico di Carpenter, George Merrill, il quale gli toccò il sedere:

> The sensation was unusual and I still remember it, as I remember the position of a long vanished tooth. It was as much psychological as physical. It seemed to go straight through the small of my back into my ideas, without involving my thoughts. (*M.*, p. xii)

Quel gesto di fatto ha dato vita a una serie di idee che sono alla base della lunga gestazione di *Maurice*. Con quest'opera voleva dimostrare che l'amore tra uomini non solo era possibile, ma anche che poteva essere vissuto in modo naturale, senza vergogna. In sostanza Forster voleva sottolineare che l'unica perversione era rappresentata dalla morale vigente e dalla società che negavano ai cosiddetti "diversi" una parte importante del loro universo. Forster si mette così subito a scrivere e sottopone alla lettura la bozza del testo a una piccola cerchia di amici intimi, come Lowes Dickinson, Forrest Reid e altri. Proprio a causa delle critiche dei lettori del romanzo prima della sua pubblicazione, Forster, pur avendolo terminato nel 1914, decise di abbandonare l'idea di darlo alla stampa. Tale rifiuto di stamparlo lo ha indotto inoltre a rivedere il testo in più occasioni fino al 1960 e, nonostante fossero deceduti la madre e quasi tutti i suoi parenti più stretti, e anche se l'atteggiamento della società legato al tema della sessualità fosse cambiato, prese la decisione di non pubblicare il romanzo sebbene alcuni amici gli consigliassero di farlo. Evidentemente Forster temeva il grande clamore che comunque il testo avrebbe suscitato all'epoca e dedica l'opera a "a happier year", dunque un anno più felice. In effetti la felicità è forse la tematica principale in *Maurice*, in cui gli amanti omosessuali non vanno incontro a un futuro negativo causato dai pregiudizi della società, contrariamente a ciò che di norma accadeva nel finale di questo tipo di testi narrativi che terminavano sempre con la morte dei protagonisti omosessuali.

Il protagonista di *Maurice* è un giovane uomo d'affari, forte, sano, bello e anche un po' snob. Vive una vita familiare tradizionale in cui gravitano individui e contesti normali: la madre, le sorelle, una casa comoda e un lavoro di tutto rispetto. Ma proprio questa normalità esistenziale diventa gradualmente l'inferno che finirà per opprimerlo psicologicamente in

---

[5] Cfr. E. M. Forster, *Maurice*, England, Penguin Books, 2005 [1971], p. xii; Per le successive citazioni si farà riferimento a questa edizione e si indicheranno le pagine ad essa relative, nel testo in parentesi, precedute dall'abbreviazione *M*.

maniera molto pesante e ciò lo indurrà a scelte "altre", lo avvicinerà a quella che è la sua vera natura. Egli vive e si identifica con i sobborghi di Londra, mentre Clive, l'altro coprotagonista della vicenda, rappresenta la upper-middle class di Cambrige, ossia due contesti e due realtà completamente diversi. Forster conosceva bene l'ambiente universitario di Cambridge dove studiò, e fu in grado di ricostruirlo con semplicità ispirandosi forse a uno dei suoi studenti. È nella prima fase, quella in cui Maurice inizia a liberarsi, che il lettore comincia a conoscere un personaggio mite, modesto e riservato, pronto a cedere alla volontà di Clive: così quando, rendendosi conto di essere "eterosessuale", quest'ultimo e prende la sua decisione di porre fine alla relazione con Maurice, per egli inizia la discesa agli inferi che si accentua con il suo ritorno alla fine dell'opera. Qui Clive viene a sapere del rapporto omosessuale tra il suo vecchio amico di Cambridge e il guardacaccia della sua casa di Penge. Questo elemento della trama consente allo scrittore di inserire in maniera graduale un terzo personaggio omosessuale, Alec Scudder: all'inizio è meno definito come tratti del carattere ma poi, attraverso una serie di episodi come ad esempio il suo rifiuto di una mancia, o il suo aggirarsi tra gli arbusti rubando albicocche, diventa un personaggio-persona capace di dare e ricevere amore, fino alla mattina dopo il loro primo incontro sessuale avvenuto durante la notte:

> They slept separate at first, as if proximity harassed them, but towards morning a movement began, and they woke deep in each other's arms. "Had I best be going now?" he repeated, but Maurice, through whose earlier night had threaded the dream "Something is a little wrong and had better be," was resting utterly at last, and murmured "No, no."
> "Sir, the church has gone four, you'll have to release me." "Maurice, call me Maurice."
> "But the church has – "
> "Damn the church." (*M.*, p. 174)

Non solo questo passo mette in evidenza la differenza di classe sociale e la premura da parte di Alec nei confronti di Maurice, ma assume grande importanza anche il ruolo simbolico della chiesa, il tocco di campana non indica soltanto l'orario ma sembra anche indicare con un suono il peccato di tipo carnale appena compiuto da parte dei due personaggi.

Sicuro che lo scrittore abbia il dovere di rivelare al lettore i personaggi anche nel loro io intimo, Forster in *Maurice* utilizza la funzione narrativa per svelare il segreto, rivelando la propria omosessualità vissuta con angoscia e anche come scelta individuale e coraggiosa del personaggio. Egli chiarisce qui quanto ha nascosto in altre sue opere come ad esempio in *Where Angels Fear to Tread* (1905) e in *The Longest Journey* (1907).

La storia della "vita segreta" del protagonista, che scopre di essere omosessuale in un paese come l'Inghilterra, in cui l'omosessualità è un crimine, si presenta al periodo della pubblicazione, nel 1971, anche come resoconto dell'epoca. Le vicende di Maurice, lo scolaro in gita, lo studente di Cambridge, l'agente di cambio della city e via dicendo, trascinano il lettore in una spirale di passioni reali. Forster sapeva di non poter pubblicare un romanzo in cui la felicità personale trionfa su tutto. Infatti le convenzioni sociali impongono all'individuo ruoli ben precisi. Maurice viene presentato come un uomo qualsiasi nel college di Cambridge dove incontra il suo primo compagno, Clive Durham, bello come un dio greco, oppresso dal suo spirito "periferico" ed educato a reprimere i propri istinti. Soltanto quando scopre il suo vero io, con grande difficoltà e con accanto il suo nuovo compagno, il guardacaccia Alec, riuscirà a trovare la sua strada creando un luogo immaginario, un microcosmo dove il suo rapporto omosessuale può essere vissuto, e dove tutti possono vivere liberamente le proprie inclinazioni sessuali. La sessualità è per Forster, forza che si ribella al sistema, capace di cambiarlo.[6]

Le grandi donne infedeli dell'Ottocento, come Madame Bovary e Anna Karenina, pagano con il suicidio la disubbidienza al codice comportamentale, mentre Maurice non solo è libero di sperimentare ma ha anche il privilegio di non venir fatto morire.

L'*incipit* di *Maurice* si pone in un luogo all'aperto durante una gita scolastica nel corso della quale gli studenti che vi prendono parte sono liberi di lasciarsi andare come preferiscono:

> Once a term the whole school went for a walk – that is to say three masters took part as well as all boys. It was usually a pleasant outing, and everyone looked forward to it, forgot old scores, and behaved with freedom. Lest discipline should suffer, it took place just before the holidays, when leniency does no harm, and indeed it seemed more like a treat at home than school, for Mrs Abrahamas, the Principal's wife, would meet them at the tea place with some lady friends, and the hospitable motherly. (*M.*, p. 5)

---

[6] Cfr. http://www.glbtq.com/literature/forster_em.html, 22 dicembre 2010.

Discostandosi dalla vita e dalle regole ferree della scuola, la passeggiata mette in evidenza una maggiore libertà comportamentale, lontano dalla vita e dalle regole rigide della scuola, nonostante la vigilanza del docente, "Mr Abrahamas was a preparatory schoolmaster of the old-fashioned sort. He cared neither for work nor games, but fed his boys well and saw that they did not misbehave". (*M.*, p. 5) Maurice, insieme a uno dei tre docenti che partecipano all'escursione, discute di sessualità e del modo in cui deve essere vissuta, "Mr Ducie always had something on his mind. On this occasion it was Hall, one of the older boys, who was leaving them to go to a public school. He wanted to have a "good talk" with Hall, during the outing". (*M.*, p. 5) Questa figura si sostituisce al padre carnale di Maurice morto quando lui era piccolo, come il lettore comprende dal serrato interrogatorio a cui lo sottopone:

> Mr Ducie lay down on the sand to listen to him, lit his pipe and looked up to the sky. The little watering-place where they lived was now far behind, the rest of the school away in front. The day was grey and windless, with little distinction between clouds and sun. "You live with your mother, don't you? He interrupted, seeing that the boy had gained confidence.
> "Yes, sir".
> Have you any elder brothers?"
> "No, sir – only Ada and Kitty." "Any uncles?"
> "No."
> "So, you don't know many men?"
> "Mother keeps a coachman and George in the garden, but of course you mean gentlemen. Mother has three maid-servants to llok after the house, but they are so idle that they will not mend Ada's stockings. Ada is my eldest little sister."
> "How old are you?" "Fourteen and three quarters."
> "Well, you're an ignorant little beggar." They Laughed. (*M.*, p. 8)

Questo dialogo su tematiche intime e personali si svolge in un contesto simbolicamente non proprio chiaro e luminoso: le nuvole fanno ombra al sole, il vento invece soffia forte. Gli elementi esterni sembrano essere una metafora della vita reale, qui usati per introdurre i tabù di un adolescente all'inizio del Novecento. Maurice sembra qui voler nascondere il disagio emotivo davanti alle domande poste al docente, il quale, dopo diversi giri di parole, finalmente gli spiega il rapporto sessuale tra uomo e donna attraverso dei disegni sulla sabbia che poi rimuove con attenzione prima che lo facciano le onde del mare, e prima che qualcuno, passando dopo di loro, possa esserne turbato. È così che avviene il primo approccio teorico con la sessualità per Maurice:

> "Still smoking his pipe, Mr Ducie got up, and choosing a smooth piece of sand drew diagrams upon it with his walking stick. "This will make it easier", he said to the boy, who watched dully: it bore no relation to his experiences." (*M.*, p. 9)

Il rapporto tra Maurice Hall e sua madre ne sottolinea la sua dipendenza da quest'ultima e, pur essendo un ragazzo timido, si dimostra nel tempo anche in grado di sfogare la sua rabbia sui più deboli in seguito alle sopraffazioni subite dagli studenti più grandi alla Sunnington School dove aveva poi completato gli studi. La scuola è il luogo in cui, in un sogno premonitore, inizia a vivere i propri desideri sessuali all'interno di uno spazio chiuso e il sogno diventa realtà attraverso la visione casuale di un uomo nudo che lui collega all'immagine di George, l'aiuto giardiniere della casa della madre a Londra:

> "In the first dream he felt very cross. He was playing football against a nondescript whose existence he resented. He made an effort and the nondescript turned into George, that garden boy. But he had to be careful or it would reappear. George headed down the field towards him, naked and jumping over the wood-stacks. "I shall go mad if he turns wrong now", said Maurice, and just as they collared this happened, and a brutal disappointment woke him up." (*M.*, p. 16)

In un sogno successivo a cui Maurice cerca di dare un significato, vive la sensazione di avere a che fare con una figura senza volto dalla quale si sente completamente rapito e per la quale sarebbe disposto anche a dare la vita. Questa immagine dall'aspetto ambiguo nasconde quella di un uomo che in seguito egli paragona a Cristo, appunto perché non sa dargli un nome:

> "The second dream is more difficult to convey. Nothing happened. He scarcely saw a face, scarcely heard a voice say, "That is your friend", and then it was over, having filled him with beauty and taught him tenderness. He could die for such a friend, he would allow such a friend to die for him; they would make any sacrifice for each other, and count the world nothing, neither death nor distance nor crossness could part them, because "this is my friend". (*M.*, p. 16)

Questa sorta di patto di amicizia con l'amico immaginario forse anticipa il suo desiderio di consumare un rapporto sessuale.

Durante la permanenza a Sunnington Maurice, nella fase adolescenziale della vita, testa la sua inesauribile sete di conoscenza della sessualità, tanto che, pensando al sesso notte e giorno, si sente colpevole e vittima di un incantesimo. Anche durante la messa, "he could not help it, for even when receiving the Holy Communion filthy thoughts would arise in his mind." (*M.*, p. 18)

Maurice incontra per caso il primo ragazzo per il quale prova un sentimento che va ben oltre la semplice amicizia. L'occasione si presenta quando accetta l'invito a cena a casa di Mr Cornwallis, preside della scuola, al quale si presenta con l'amico Chapman. In quell'occasione i due ragazzi conoscono Risley, nipote del padrone di casa, laureando in lettere presso il Trinity College, e che aveva una reputazione pessima:

> "Risley was dark, tall and affected. He made an exaggerated gesture when introduced, and when he spoke, which was continually, he used strong yet unmanly superlatives. Chapman caught Maurice's eye and distended his nostrils, inviting him to side against the newcomer. Maurice thought he would wait a bit first." (*M.*, p. 23)

Dare un colore scuro alla descrizione di questo personaggio è un modo per sottolineare il suo ruolo negativo agli occhi della società all'interno dell'opera. Il lettore lo vede attraverso gli occhi di Maurice e di Chapman, i quali lo trovano antipatico a causa dell'atteggiamento egocentrico. Nei romanzi con tematiche omosessuali l'introduzione di un soggetto "diverso" da quello che è il modello imposto dalle convenzioni sociali, viene subito preso di mira e diventa oggetto di scherno, forse per sottolineare la diversità riservata agli omosessuali stessi. Qui Maurice è incerto nel criticare Risley appunto, forse perché proiettava su di lui la sua stessa immagine. Dopo lo scontro con Risley, Hall si rende conto, in modo inconscio, di esserne attratto, sicuro che dietro il suo modo di fare frivolo e fuori dagli schemi, si nascondesse una personalità complessa. Il lettore a questo punto intuisce che Risley è omosessuale, anche se è la descrizione e il suo atteggiamento stereotipato che gli permettono di arrivare a questa conclusione, ma comprende pure che Maurice è attratto da questo personaggio. Hall cerca Risley quasi di nascosto, e sfugge gli sguardi indiscreti dei compagni che erano stati molto critici nei riguardi del Trinity College:

"For it had become an adventure. This man who said one ought to "talk talk" had stirred Maurice incomprehensibly. One night, just before ten o'clock, he slipped into Trinity and waited in the Great Court until the gates were shut behind him. Looking up, he noticed the night. And how the gates and doors all over Cambridge had been fastened up. [...] He had come to it without their knowledge, humbly, to ask its help. His witty speech faded in its atmosphere; and his heart beat violently." (*M.*, p. 27)

Non è un caso che la ricerca di Risley da parte di Maurice si trasformi in un'avventura e abbia luogo di notte che simbolicamente è associata al male e alle tenebre "morali", e solo dopo che i cancelli del college si chiudono, si dirige verso la camera (altro luogo chiuso) di Risley. Il cuore gli batte forte, proprio perché sta violando le regole del "normale". È così che Maurice si imbatte nella figura di Durham, all'interno della stanza di Risley. Mentre aspetta osserva il giovane di bassa statura, dai modi semplici e con la carnagione molto chiara, e lo colpisce il suo rossore dopo la sua comparsa all'interno della camera.

L'elemento spaziale che più ricorre in *Maurice* è non a caso la camera, l'unico luogo chiuso e privato in cui i personaggi possono dare sfogo non solo alla propria istintualità ma anche ai sentimenti che sono invece mascherati nei luoghi pubblici. La stanza dunque diventa una sorta di microcosmo dove i personaggi vivono una realtà più vera, diversa e priva di censure. Questa strategia autoriale, ovviamente, è legata alla morale del periodo: infatti il romanzo, anche se pubblicato negli anni Settanta del Novecento, fu scritto e ambientato agli inizi del secolo quando l'omosessualità era ancora considerata come un crimine.

Importante è la parte in cui Maurice, il protagonista, per dimostrare a se stesso, ma anche alla famiglia, e per fare mostra della propria virilità, corteggia la signorina Gladys Olcott, la quale rifiuta il suo "corteggiamento" perché lo trova "innaturale". Si può qui vedere la modernità di Fortser in quanto il corteggiamento stesso non ha luogo in un contesto circoscritto ma all'aria aperta, in un punto della campagna che il personaggio considerava "romantic".(*M.*, p. 37) Anche l'atteggiamento di Maurice è innaturale, quasi cadaverico nel momento in cui la stringe a sé:

"But she knew something was wrong. His touch revolted her. It was a corpse's. Springing up she cried, 'Mr Hall don't be silly. I mean don't be silly. I am not saying it to make you sillier."(*M.*, p. 37)

Il luogo scelto dallo scrittore per gli approcci di Maurice non è il tipico contesto (la stanza) usato in letteratura per ambientare il momento in cui un giovane chiede la mano della donna, infatti la scelta è stata probabil - mente fatta per enfatizzare che egli non è a suo agio calandosi in un ruolo che non riesce a recitare bene, quello dell'uomo virile ed eterosessuale.

La scoperta dell'omosessualità in Maurice si verifica gradualmente favo- rita da oggetti il cui contenuto ha lo scopo di veicolare un messaggio, come il libro sui gusti sessuali degli ateniesi, *Symposium*, che Clive gli consiglia per fargli capire quello che le parole gli impediscono di dire:

> "You've read the *Symposium?*"
> Maurice had not, and did not add that he had explored Martial.
> "It's all in there – not meat for babes, of course, but you ought to read it.
> Read it this vac."
> No more was said at the time, but he was free of another subject, and one
> that he had never mentioned to any living soul.
> He hadn't known it could be mentioned, and when Durham did so in the
> middle of the sunlit court a breath of liberty touched him.(*M.*, p. 46)

Il valore simbolico del testo viene insistito quando Clive cerca di esprimere il sentimento che prova per Maurice:

> "I knew you read the Symposium in the vac," he said in a low
> voice. Maurice felt uneasy.
> "Then you understand – without me saying more
> – "How do you mean?"
> Durham could not wait. People were all around them, but with eyes that
> gone intensely blue whispered, "I love you." (*M.*, p. 48)

Solo dopo essersi reso conto che non poteva più aspettare di esternare il suo amore per lui, Clive esplicita ciò che fino a poco tempo prima cercava soltanto di fargli capire: egli usa le parole, non più i simboli.

Tale passaggio rappresenta l'acme dello scontro con la realtà. Maurice vive una crisi, e compie un percorso di autocoscienza, attraverso il quale supera i falsi moralismi della società, arrivando all'autostima.

Se gli spazi interni e chiusi sono la caratteristica non solo di questo romanzo, ma di tutta la tradizione narrativa fino agli anni Sessanta, ciò è dovuto al fatto che l'omosessualità era tabù e che gli scrittori li utilizzano per ambientare i personaggi che devono rispettare i canoni morali epocali per veicolarne i limiti ai lettori. Infatti, a livello linguistico si notano analoghe strategie: anche quando il protagonista dichiara di amare Durham, gli fa omettere la parola "omosessuale" e usare una sorta di metafora:

> "I tell you, I do – I came to say it – in your very own way – I have always been like the Greeks and didn't know."(*M.*, p. 54)

Il riferimento all'omosessualità è qui espresso in analogia con la stessa tecnica di omettere e di alludere messa in atto da Mr Cornwallis il quale, durante la lettura di un testo da parte di uno studente, gli aveva suggerito:

> "Omit: a reference to the unspeakable vice of the Greeks."(*M.*, p. 42)

Il primo incontro intimo tra Maurice e Clive si verifica proprio all'interno di una camera. Il litigio che si scatena tra i due personaggi porta Maurice ad avvicinarsi a Clive per manifestargli la propria attrazione per lui in una notte in cui le stelle in cielo si intravedono tra le nuvole:

> Furious he stood on the bridge in a night that resembled the first – drizzly with faint stars. [...] Twelve o'clock struck, one, two, and he was still planning what to say when there is nothing to say and the resources of speech are ended. (*M.*, p. 55)

La scelta della scena sul ponte potrebbe avere una valenza simbolica essendo esso un elemento spaziale che indica passaggio da una sponda all'altra, appunto qui dalla eterosessualità all'omosessualità, quindi alla vera natura del protagonista. Maurice colpisce l'amico:

> "Terrified at what he must do, he caught hold of the mullion and sprang."(*M.*, p. 55)

Allo scontro fisico violento segue invece un incontro fisico tenero che viene qui alluso ma svelato al lettore dalla scelta di verbi come "entranced" o anche da avverbi come "gently":

> "Maurice – [...] His friend had called him. He stood for a moment entranced, then the new emotion found him words, and laying his hand very gently upon pillows he answered "Clive!"(*M.*, p. 55)

Come un vero eroe, il personaggio deve compiere il proprio percorso di conoscenza attraverso una sorta di ascesa simbolica: in questo caso essa è rappresentata dalla camera di Clive che è collocata non a caso in alto, dove ha sede il paradiso nell'immaginario collettivo. I due protagonisti possono consumare, sebbene in maniera platonica, il loro amore tenuto celato indossando una "maschera" da eterosessuali nella vita di tutti i giorni.

La stanza diventa il luogo dove i due s'incontrano più volte, anche durante la permanenza di Maurice a Penge, nella residenza dei genitori di Clive. Quest'ultimo ricrea qui una stanza analoga a quella di Sunnington, lontana da occhi indiscreti. Qui la stanza che viene da loro definita "the blue room"(*M.*, p. 75) si trova in cima alle scale e dunque anche in questo caso essa sembra assumere il significato simbolico dello spazio in alto. Il colore blu sembra ricordare invece il cielo e alludere alla felicità di essere liberi, come le parole di Clive lasciano trapelare:

"So I arranged it on purpose. We're up this staircase by ourselves, It's like college as I could manage. It's better."(*M.*, p. 76)

Clive si allontana dal "rifugio" costruito con Maurice quando decide di andare in Grecia: lo spostamento spaziale stesso rappresenta infatti nuove conoscenze ed esperienze. Proprio in Grecia, dopo essersi attribuito lui stesso in precedenza quello che Mr Cornwallis aveva definito " The vice of the Greeks", Durham si rende conto di poter amare le donne e pone termine alla relazione affettiva di tre anni con Maurice iniziandone una nuova con una nobile conosciuta in Grecia, Lady Anne Woods, il cui nome potrebbe simbolicamente alludere ai "boschi" ossia a un contesto di libertà più ampio e naturale.

Clive si trasforma così nel classico uomo dei primi decenni del XX secolo, sicuro della sua virilità. Anche se egli si rivela capace di amare la donna con la quale consuma atti sessuali, e definisce l'amore eterosessuale naturale e sano rispetto a quello ormai per lui quasi innominabile tra due uomini, egli compie questo atto sempre al buio, senza mai vederne il corpo.

Maurice, frustrato dall'accaduto, proprio quando ormai si trova a un passo dal precipitare nell'abisso più profondo, incontra Alec, il guardacaccia di Penge, che lo salva. Egli guarisce diventando per lui un mentore.

Anche per Alec lo scrittore usa l'ascesa: qui rappresentata simbolicamente dalla scala, dall'andare verso l'alto, con un senso di liberazione fisica e mentale. Alec, dimostrando a Maurice di averne compreso la sua vera natura, bisbigliando si reca da lui illuminato dalla luce della luna:

> "But as he returned to his bed a little noise sounded, a noise so intimate that it might have arisen inside his own body. He seemed to crackle and burn and saw the ladder's top quivering against the moon-lit air. The head and the shoulders of a man rose up, paused, a gun was leant against the window sill very carefully, and someone he scarcely knew moved towards him and knelt beside him and whispered, "Sir, was you calling out for me?... Sir, I know," and touched him." (*M.*, p. 170)

Dopo questo incontro notturno Maurice e Alec sono costretti a salutarsi prima del sorgere del sole, che simbolicamente rappresenta lo sguardo discriminatore della società, per indossare nuovamente la maschera. Forster usa per la stanza "The Russet Room"(*M.*, p. 170) , il colore rossastro, qui simbolo di un amore carnale contrapposto al colore blu e all'unione più psichica con Clive. Il cromatismo volgendo al rosso simboleggia dunque la passione tra Maurice e Alec, e ne determina simbolicamente anche un cambiamento nello stato d'animo.

Mentre la relazione tra Maurice e Clive era stata vissuta prevalentemente in ambienti chiusi, quasi a simboleggiare l'impossibilità della loro relazione, non solo a causa delle convenzioni sociali, ma anche del fatto che entrambi non erano ancora pronti a vivere l'esperienza omosessuale, con Alec dagli spazi chiusi il lettore si sposta in spazi aperti, come campi e boschi, dove entrambi vivono liberamente la loro relazione.

Con il passare delle stagioni, dalle giornate piovose e nuvolose, che ben sottolineavano lo stato d'animo di Maurice, il cromatismo si evolve verso i colori tipici del risveglio primaverile, "You can do anything once you know what it is. He gazed at the greyish light that was becoming yellowish."(*M.*, p. 206) Il colore caldo, qui il giallo, è usato come metafora del risveglio dell'io in Maurice.

Dal grigio al giallo: una metafora del cambiamento in Maurice che, innamorato di Alec, ha ormai acquisito la padronanza della sua vita. Alec decide di partire in Argentina e, quando questa ipotesi non si concretizza, notiamo come Forster descrive lo stato d'animo di Maurice nel momento in cui realizza questa realtà: "Maurice went ashore, drunk with excitement and happiness."(*M.*, p. 210) La scena è collocata sotto un cromatismo molto forte del cielo che lo sovrasta, Maurice lo nota ed esclama: "Do look at the sky – it's gone all on fire".(*M.*, p. 212)

Il cielo in fiamme diviene qui metafora della passione che esplode tra i due giovani. Forster fa vivere un ulteriore confronto a Maurice, quest'ultimo si reca a Penge per riprendersi l'unica cosa che realmente gli interessa di quel luogo, Alec, non entra dall'ingresso principale, "He entered the estate at its lower end, through a gap in the hedge, and it struck him once more how derelict it was, how unfit to set standards or control the future."(*M.*, p. 213) Lo spazio chiuso, che per lungo tempo lo aveva accolto quando doveva celare i suoi istinti, fingendosi eterosessuale, diventa ora un luogo triste in cui entrare appunto "through a gap in the hedge".(*M.*, p. 213)

Maurice che ha fatto le proprie scelte, non ha paura dei fantasmi di un tempo ed è per lui importante affrontare Clive e dirgli cosa è accaduto con il suo guardaccia anche se il suo sottolineare ripetutamente "I don't want your advice."(*M.*, p. 215) sta a significare che teme il giudizio dell'ex amante.

Forster utilizza qui un libro da riporre nello scaffale per riferirsi a Clive e alla fine del suo rapporto con Maurice. Clive, di conseguenza, ritorna alla propria normalità:

> "He waited for a little in the alley, then returned to the house, to correct his proofs and to devise some method of concealing the truth from Anne."(*M.*, p. 218)

Clive, che all'inizio sembrava essere sicuro di sé, appare ora prigioniero delle convenzioni sociali qui rappresentate dalla casa coniugale, simbolo di ipocrisia e di tristezza, mentre Maurice si allontana lasciando come traccia di sé solo dei petali di una rosa che teneva in mano e che lascia cadere.

Forster, concludendo con un finale aperto, che il lettore intuisce essere a lieto fine per il protagonista, è un pioniere nella Letteratura omosessuale.

In *Giovanni's Room* (1956) di James Baldwin, incentrato su analoghe tematiche, lo spazio chiuso della camera, già presente nel titolo, diviene il luogo in cui vivere "liberamente" la propria sessualità. Infatti, l'autore spiega che l'opera non è sull'omosessualità: "it's about what happens if you are afraid of loving another person."[7]

---

[7] Cfr. R. Goldstein, *Go the Way Your Blood Beats": An Interview with James Baldwin*, New York, Simon and Schuster, 1989, p. 176.

Negli anni Cinquanta, in cui i rapporti omosessuali erano considerati ancora tabù, l'opera di Baldwin attira l'attenzione della critica di allora per la scelta di personaggi bianchi da parte di un autore afroamericano, e omosessuale dichiarato, che affronta questioni come sessualità, razza, identità individuale e culturale davanti a un pubblico vasto, diventando subito un classico.

Il testo può essere descritto come una finestra aperta sui rapporti interpersonali, sulla capacità di amare il prossimo e sull'incontro-scontro tra limitazioni imposte dalla società e libertà personale.

In *Giovanni's Room* Baldwin si serve del punto di vista di David, un giovane americano bianco, narrando la storia in prima persona. L'utilizzo di questo personaggio ha lo scopo di evidenziare e criticare l'assenza di valori all'interno della società americana e del mondo occidentale. Grazie agli occhi del narratore, il lettore segue le avventure di David e comprende le differenze tra quest'ultimo, Giovanni e la compagna Hella che, essendo donna, è vista da lui come il mezzo per creare la famiglia che le convenzioni sociali impongono alla coppia eterosessuale americana. È proprio attraverso questo ménage à trois dei personaggi che Baldwin tenta di evidenziare l'importanza dei rapporti sentimentali e la difficoltà di viverli.

Usando le parole di un personaggio volutamente bianco, lo scrittore critica la scarsa profondità che caratterizza i rapporti interpersonali nella comunità bianca americana. Incredibilmente, qui la vera colpa è rappresentata dall'atteggiamento di David, il quale non si rende conto che la sua apparente innocenza è in realtà causa di sofferenza. I dialoghi tra David, Hella o Giovanni sono utilizzati come esempi di relazioni che non comunicano, utili per evidenziare la tristezza esistenziale dei protagonisti. David non accetta la sua omosessualità trascinando con sé, nella sua triste realtà che rifiuta, gli altri due personaggi, così Giovanni diventa vittima del suo comportamento: nemmeno la morte di quest'ultimo riesce a intaccare la pesante "ingenuità" di David. Hella invece vive le convenzioni sociali passivamente, restando ancorata all'immagine che la società imponeva alle donne: casa, marito, figli e famiglia. Giovanni, italiano, gay e contadino, è usato dall'autore per mettere in evidenza le diversità tra lui e il narratore.

Nell'opera di Baldwin le differenze razziali e sessuali sono un tema centrale. Il romanzo è ambientato a Parigi, un posto lontano dall'America, che viene usato per criticare con distacco il suo paese come luogo "di morte" in cui lo stesso Baldwin aveva smesso di vivere anni prima.

L'*incipit* del romanzo presenta David, il protagonista, che dal profondo sud della Francia preannuncia la visione di un viaggio verso Parigi che rappresenta il triste epilogo della vicenda:

> "The train will be the same, the people, [...] I will be the same. We will ride through the same changing countryside northward, leaving the olive trees and the sea and all of the glory of the stormy southern sky, into the mist and rain of Paris."[8]

Il viaggio, che qui da un punto di vista simbolico rappresenta il passaggio da un luogo idilliaco (la casa del sud), verso un luogo che conduce alla morte, (la nebbia e la pioggia di Parigi) anticipa indirettamente la morte di Giovanni.

Hella, descritta come una giovane americana elegante e disponibile alle avventure, conosce David in un bar, esattamente come quest'ultimo incontra Giovanni in un luogo simile, uno frequentato da eterosessuali (la normalità), l'altro da gay (la diversità).

A David lo scrittore fa utilizzare la finestra come elemento di separazione sociale e sessuale: "I was staring towards the great window which held back the inky night"(*GR*. p.11) e ancora, "Then, later, I woke up in a spot which seemed to be very heart of winter, a high, white ceiling and white walls, and hard, glacial window, bent, as it seemed, over me."(*GR*. p.11)

Simbolicamente la finestra rappresenta il distacco dalla realtà che circonda il personaggio: attraverso la finestra egli osserva ciò che accade ma allo stesso tempo rimane spettatore e non diventa "attore".

Il viaggio dall'America verso la Francia, inteso come spostamento dal centro verso la periferia alla ricerca di pace è, in questo caso, anche quello dell'io, dell'io pubblico verso quello privato. Dal viaggio David capisce di essere in fuga da se stesso, dalle sue stesse fobie e dalle convenzioni sociali occidentali alle quali però rimarrà per sempre legato. Il viaggio di solito indica conoscenza ma qui esso non significa protezione, ma distruzione e morte, dopo lo scontro con la realtà del proprio essere.

Per David, così come per Giovanni e Hella, il viaggio significa anche libertà di amare, e arrivati a Parigi tutti iniziano a sperimentare la loro istintualità: i due amanti eterosessuali non riusciranno a vivere uniti e a

---

[8] Cfr. J. Baldwin, *Giovanni's Room*, New York, Delta Book, 2000 [1956], p. 3. Per le successive citazioni si farà riferimento a questa edizione e si indicheranno le pagine ad essa relative, nel testo in parentesi, precedute dall'abbreviazione *GR*.

costruire una famiglia mentre Giovanni, l'unico personaggio che riesce a convivere con la propria natura, liberandosi dalle catene sociali, mascherate da falsi valori, viene fuori per ciò che è, senza filtri.

Il romanzo presenta una serie di spazi chiusi dove i personaggi vivono la loro vita segretamente, come il bar dove David e Giovanni si conoscono, e dove l'italiano lavorava. Il bar qui è un luogo di incontri "altri" e David, in cerca di aiuto da parte di un certo Jacques, ricco omosessuale che già in passato lo aveva aiutato economicamente, esplicita il proprio ruolo di arrampicatore sociale, pronto a tutto pur di ottenere ciò che vuole.

Il bar, con i suoi clienti omosessuali, viene però descritto da David come uno zoo, e lui, al suo interno, si sente un animale in gabbia, osservato dagli altri frequentatori:

> "It had taken some time but the tables had been turned; now I was in the zoo, and they were watching."(*GR.*, p. 38)

Egli si sente giudicato mentre parla intensamente con Giovanni che viene descritto come una figura circondata da tanta luce. La luce assume qui il significato della purezza e infatti, anche quando David pensa a lui il giorno della sua morte, lo vede splendente:

> "I will see Giovanni again, as he was that night, so vivid, so winning, all of the light of that gloomy tunnel trapped around his head."(*GR.*, p. 43)

Il bar invece, descritto come zoo, come tunnel, come un ghetto, ricorda l'oscurità e quindi simbolicamente gli inferi, il peccato, e Giovanni, al suo interno, appare invece quasi come un angelo.

La stanza di Giovanni è una realtà diversa da quella triste e "artificiale" che i personaggi, sotto la maschera sociale, sono costretti a vivere nella finzione narrativa, non diversa da quella reale.

Lo stesso giorno in cui si conoscono, Giovanni invita David a vedere la sua camera, precisando che comunque dovrà farlo, alludendo dunque alla sua vocazione omosessuale:

> "I will show you my room," he said. "It is perfectly clear that you would have to see it one of these days, anyway."(*GR.*, p. 11)

La camera, e la notte che vi trascorre, diventano per David una sorta di discesa agli inferi, ossia il confrontarsi con la parte più buia del suo io. Lo scrittore fa una descrizione della stanza tramite il punto di vista di David attraverso una molteplicità di dettagli quali il fatto che sia sul retro dell'edificio, che vi si acceda tramite un corridoio buio, che essa sia in disordine, che vi sia odore forte di alcol e così via:

> His room was in the back, on the ground floor of the last building on this street. We passed the vestibule and the elevator into a short, dark corridor which led to his room. The room was small, I only made out the outlines of clutter and disorder, there was the smell of the alcohol he burned in his stove. He locked the door behind us, and then for a moment, in the gloom, we simply started at each other – with dismay, with relief, and breathing hard. I was trembling. I thought, if I do not open the door at once and get out of here, I am lost. But I knew I could not open door, I knew it was too late to do anything but moan. He pulled me against him, putting himself into my arms as though he were giving me himself to carry, and slowly pulled me down with him to that bed. With everything in me screaming *No!* Yet the sum of me sighed *Yes*.(GR., pp. 63-64)

Anche in questo romanzo, come in *Maurice* di Forster, sono presenti delle scale interne o esterne, o è possibile salire tramite ascensore, tutti mezzi usati per condurre il personaggio alla stanza in cui si consumerà l'atto sessuale.

Il rapporto tra David e Giovanni si evolve, e cambia, così come la visione della stanza cambia in David, che con il tempo, sotto il peso dei propri condizionamenti, la vede come una prigione dalla quale vuole fuggire, quasi fosse sotto la superficie del mare:

> I remember that life in that room seemed to be occurring beneath the sea. Time flowed past indifferently above us; hours and days had no meaning. In the beginning, our life together held a joy, of course, was anguish and beneath the amazement was fear; but they did not work themselves to the beginning until our high beginning was aloes on our tongues.(GR., p. 75)

Gli elementi spaziali che descrivono lo stato d'animo di David e il suo desiderio di "escape"(GR., p. 77), di fuggire dalla stanza appunto, sottolineano simbolicamente il suo desiderio di allontanarsi dal peccato, da Giovanni, da ciò che egli si rifiuta in realtà di accettare:

> "when we got home we were always too tired to sleep right away. [...] we sat on the bed and talked and smoked. We seemed to have a great deal to tell – or Giovanni did".(GR., p. 78)

La stanza diviene in pochi mesi il centro dove inizia e finisce il loro rapporto, costruito su bugie e fatto di abitudine, ma diventa anche il palcoscenico in cui i due recitano una parte ormai irrimediabilmente logorata dal tempo e dal suo stesso ripetersi:

"I scarcely know how to describe that room. It became, in a way, every room I had ever been in and every room I find myself in hereafter will remind me of Giovanni's room".(*GR.,* p. 85) Qualsiasi stanza, secondo David, gli ricorderà Giovanni: "I did not really stay there very long – we met before the spring began and I left there during the summer – but it still seems to me that I spent a lifetime there."(*GR.,* p. 85)

Per David quella stanza, sebbene vi sia rimasto solo qualche mese, è ormai il luogo che collegherà per sempre alla figura di Giovanni che sta per essere decapitato. In quel luogo chiuso il tempo si ferma, i due giovani non si rendono più conto del suo scorrere. La stanza è angusta e David, a modo suo, la descrive così:

"not large enough for two"(*GR.,* p. 85) e ricorre l'immagine della finestra che separa dal mondo reale che sta fuori: "We, or rather Giovanni, kept the windows closed most of time. He had never bought any curtains. [...] To insure privacy, Giovanni had obscured the window panes with heavy, white cleaning polish."(*GR.,* p. 85)

Il disordine che vi regna all'interno può essere letto come una metafora del disordine interiore di David che non riesce a trovare una chiave per interpretarlo e risolverlo:

"But it was not the room's disorder which was frightening; it was the fact that when one began searching for the key to this disorder, one realized that it was not to be found in any of the usual places."(*GR.,* p. 87)

La stanza diventa l'incarnazione del peccato agli occhi di David finendo per assume quasi un aspetto animato, capace di giudicare ("great eyes of ice") e costituito da oggetti che diventano personificazione del peccato, simboleggiato da una "yellow light" che sovrasta una sessualità "malata":

At the silent walls of the room with its distant, archaic lovers trapped in an interminable rose garden, and the staring windows, staring like two great eyes of ice and fire, and the ceiling which lowered like those clouds out of which fiends have sometimes spoken and which obscured but failed to soften its malevolence behind yellow light which hung like a diseased and undefinable sex in its center.(*GR.*, pp. 87-88)

Spaventato da questi sensi di colpa, David fa sesso con una ragazza di nome Sue, usata come un vero e proprio oggetto che a lui nemmeno piace, ma gli serve per dimostrare a se stesso la propria virilità.

Hella rientra dal viaggio in Spagna dopo aver compreso di amare David e di voler creare una famiglia con lui, purtroppo questo non accadrà mai perché egli continuerà a cercare conforto tra le braccia di uomini e di donne, e a disprezzarsi per questo motivo.

David trascina con sé Giovanni all'inferno. Quest'ultimo, ormai solo e senza denaro, ha intrapreso una relazione di convenienza con Jacques, un personaggio che a lui stesso non piace. Intanto, Guillalme, il ricco proprietario del bar frequentato da omosessuali in cui Giovanni lavorava, viene trovato morto, e i sospetti ricadono sull'ormai ex contadino italiano che, a distanza di alcuni giorni, viene arrestato e condannato a morte.

David con Hella, come con Giovanni, si comporta in modo analogo: la casa diventa un luogo-prigione che gli impedisce di realizzarsi anche se non capisce il senso della sua stessa esistenza ed è incapace di scegliere a causa della sua repressione sessuale, tipica del mondo dal quale proviene.

David è vittima di se stesso, e anche se continua a vivere fisicamente, è una specie di "morto vivente", mentre, paradossalmente, l'unico personaggio che continua a esistere anche dopo l'esecuzione è Giovanni: egli infatti personifica la libertà, ed è in grado di superare i falsi moralismi della società che imprigionano l'individuo.

Il romanzo di Baldwin, sebbene presenti un finale aperto come *Maurice* di Forster, rientra nello stereotipo della letteratura omosessuale in quanto prevede la morte di uno dei personaggi, ucciso dall'ipocrisia del mondo occidentale.

BIBLIOGRAFIA

OPERE DI E. M. FORSTER

Romanzi

(1996), *Where Angels Fear to Tread,* London, Penguin Books,

1905. (1978), *The Longest Journey,* London, Penguin Books, 1907.

(2000), *A Room with a View,* London, Penguin Books, 1908.

(2001), *Howards End,* New York, Delta Book, 1910.

(1988), *A Passage to India,* London, Penguin Books, 1924.

Raccolte di racconti

(1976), *The Celestial Omnibus,* New York, Delta Book, 1911.

(1978), *The Eternal Moment,* New York, Delta Book, 1928.

Opere postume

(2005), *Maurice,* London, Penguin Books, 1971.

OPERE DI JAMES BALDWIN

Romanzi

(1975), *Go to Tell it on the Mountain,* New York, Delta Book,

1953. (1955), *Notes of a Native Son,* New York, The Dial Press, p.

33. (2000), *Giovanni's Room,* New York, Delta Book, 1956.

(1971), *Nobody Knows My Name,* New York, The Dial Press,

1961. (1995), *Another Country,* New York, Delta Book, 1962.

(1995), *Just Above My Head,* New York, Delta Book.

(1963), *The Fire Next Time,* New York, The Dial Press, p. 35.

(1978), *Tell Me How Long the Train's Been Gone,* New York, The Dial Press,

1968. (1978), *If Beale Street Could Talk,* London, Daedalus, 1974.

(1987), *Just Above My Head,* London, Daedalus, 1979.

Raccolte di racconti

(1985), *Going to Meet the Man,* Anchor Press/Doubleday, 1965.

(1985), *The Price of the Ticket : Collected Nonfiction, 1948-1985,* New York, The Dial Press.

Raccolte di poesie

(1986), *Jimmy's Blues,* New York, The Dial Press.

Raccolte di Saggi

(2001), *Nobody Knows My Name,* New York, Delta Book.

(1967), *A Talk to Teachers,* New York, Anchor Press/Doubleday,

1963. (1955), *Notes of a Native Son,* New York, The Dial Press, p. 33.

(1976), *No Name in the Street,* New York, Anchor Press/Doubleday,

1972. (1976), *The Devil Finds Work,* London, Longman.

(1985), *The Evidence of Things Not Seen,* New York, Twayne.

Scritti teatrali

(1964), *Blues for Mister Charlie,* London, Chatto and Windus.

(1977), *The Amen Corner,* New York, Anchor Press/Doubleday, 1954.

OPERE DI CARATTERE GENERALE

Allen W., (1954), *The English Novel,* London, Penguin Books, p. 20.

Burgess A., (1958), *English Literature,* London, Longman, p. 75.

Caserio R., (1988), *The Novel in England, 1900-1950,* New York, Twayne, p. 67.

Chatman S., (1981), *Storia e Discorso,* Parma, Pratiche Editrice, p. 238.

Gill R., (1972) *Happy Rural Seat: The English Country House and the Literary Imagination,* New Haven, Yale University Press, pp. 12-15.

Kinsey A., (1998), *Sexual Behavior in the Human Male,* Indiana, University Press , p. 55.

Lutwack L., (1984), *The Role of Place in Literature,* Syracuse New York, Syracuse University Press, p. 84.

Marroni F., (2002), *Disarmonie vittoriane. Rivisitazioni del canone della narrativa inglese dell'Ottocento,* Roma, Carocci, p. 34.

Melville H., (1996), *Pierre,* England, Penguin Books, p. 14.

Panken S., (1987), *Virginia Woolf and "The Lust of Creation" A Psychoanalytic Exploaration,* New York, State University of New York, p. 47.

Rudnytsky P. L., (2000), *Ferenczi's Turn in Psychoanalysis,* New York, University Press, p. 35.

Sarotte G. M., (1978), *Like a Brother, Like a Lover,* New York, Anchor Press/Doubleday, pp. 12-30.

Sartre J. P., (1948), *Orphée Noir,* Paris, Presses Universitaires de France, p. 23.

Vaccarello D., (2002), *Gli svergognati: vite di gay, lesbiche, trans... storie di tutti,* Milano, La Tartaruga, p. 34.

Wilde O., (1905), *De Profundis,* Readhowyouwant, p. 36.

Williams R., (1973), *The Country and the City,* London, Chatto and Windus, pp. 9-14.

Zanish E., (1978), *Progress of Black Americans in Civil Rights: The Past Two Decades Assessed,* London, Daedalus, p.35.

STUDI E ARTICOLI SU JAMES BALDWIN

Goldstein R.,(1989), *Go the Way Your Blood Beats": An Interview with James Baldwin*, New York, Simon and Schuster, p. 176.

Mauro W., (1977), *Baldwin*, Firenze, La Nuova Italia, pp. 62-110.

Kenneth C., (1963), *A Conversation with James Baldwin*, New York, Freedomways, p. 3.

(1968), *A Free Press Interview with James Baldwin*, Los Angeles, Los Angeles Free Press, p. 7.

(1969), *Is It Too Late to Put Out the Fire, This Time?*, New York, New York Press, p. 3.

SITOGRAFIA

http://www.culturagay.it/cg/biografia.php?id=246, 15 novembre 2010.

http://www.glbtq.com/literature/wilde_o.html, 20 dicembre 2010.

http://www.glbtq.com/literature/bentham_j.html, 21 dicembre 2010.

http://www.glbtq.com/literature/forster_em.html, 22 dicembre 2010.

http://www.glbtq.com/literature/carlyle_t.html, 22 dicembre 2010.

http://www.glbtq.com/literature/woolf_v.html, 22 dicembre 2010.

RINGRAZIAMENTI

Al termine di questo percorso, lungo e spesso impegnativo, desidero manifestare la più profonda riconoscenza a coloro che mi sono stati d'aiuto e che mi hanno incoraggiato nella realizzazione della presente opera o che hanno contribuito in qualche modo.

Un ringraziamento speciale lo rivolgo a Giulia Pissarello, la prima ad aver creduto nel mio saggio e nel messaggio in esso contenuto, per avermi guidato nelle varie fasi, per i continui insegnamenti e per il supporto morale e tecnico.

A Monica Farnetti per la collaborazione e per la disponibilità.

Un grazie soprattutto a mia madre Elisabetta e a mio padre Francesco per avermi insegnato a dare il massimo, anche quando tutto sembra remare contro.

Ai miei fratelli Giovanni, Carmelo e Mino per essere sempre presenti nella mia vita nonostante tutto.

A mie cognate Simona e Vanna per la loro capacità di ascoltare e di mediare.

Ai miei nipoti Riccardo e Ilaria per la grande apertura mentale nonostante la loro tenera età.

A Nina Carboni, la sorella che non ho mai avuto e che tutti vorrebbero, per esserci sempre.

Ad Antonio Meloni, "the artist", per la sua amicizia sincera e un po' pazza.

A Caterina e Loredana Sanna, le due "crazy sisters", per i consigli sempre molto saggi e utili.

A Elena e Sandra Sirotti, due care amiche che stimo da sempre, per la loro amicizia.

A Enrico Suppo per essere stato in grado di mostrarmi la luce in mezzo a tanto buio.

A Bruno Pilia per avermi mostrato ciò che spesso è invisibile agli occhi.

A Luca Floris per la sensibilità dimostrata in un momento molto delicato della mia vita.

A Maurizio Zucca per la profonda amicizia che ci lega da anni.

A Letizia Melosu, un'amica, una mamma, una persona sulla quale poter fare sempre affidamento.

A Massimo Casu per la presenza costante e la pazienza avuta durante la prima stesura del libro.

Ad Antonella Piras per avermi aperto gli occhi prima che fosse troppo tardi.

Alla mia gattina Grilla per avermi fatto sorridere con la sua follia nei momenti di sconforto.

Alla mia gattina Venerdì, compagna di tante avventure, la cui triste storia mi ha confermato quanto possa essere importante la vita di ogni singolo essere vivente.

A Loredana Delussu e Annalisa Cottu, le due amiche "acidone", per avermi insegnato a essere critico e meno gentile quando necessario.

A Domenico Fiori per l'amicizia sincera che ci lega da anni.

Ad Andrea Gibertini per l'amicizia e il supporto tecnico nella fase iniziale dell'opera.

A Daniela Madrau, Antonella Devilla e Francesca Cocco per esserci ancora oggi.

A Laura Cosentino per aver creduto nelle mie capacità, e per la sensibilità dimostrata.

Grazie anche a tutte quelle persone che, pur contando nella mia vita, non vengono qui menzionate.

Per finire, i miei ultimi ringraziamenti vanno a mia zia Anna, la cui tragica morte mi ha segnato e insegnato tanto e alla Prof.ssa Giovanna Rabitti, scomparsa nel 2008.

Parte del ricavato derivante dalla vendita
di questo libro sarà devoluto ad
associazioni umanitarie e animaliste
conosciute dall'autore.